质量工作第三方评价分析报告
（2022年）

冯　蕾　支云杰　禄雨薇　著

哈尔滨工程大学出版社
Harbin Engineering University Press

内 容 简 介

本书以 2022 年质量工作第三方测评数据为基础,对全国 31 个省(自治区、直辖市)、四大地理区域和 19 个城市群进行了消费者和市场主体对政府质量工作的满意度测评。站在国家层面,指出当前质量工作存在的不足,以期为促进省级和地区高质量发展提供合理化建议。本书构建政府质量工作消费者评价和市场主体评价两套指标体系,主要以问卷调查的方式,样本覆盖全国,通过合理的分析方法总结全国质量工作的满意度情况。

本书可供各级质量工作领导小组、质量工作管理部门和质量工作开展部门参考使用。

图书在版编目(CIP)数据

质量工作第三方评价分析报告. 2022 年 / 冯蕾,支云杰,禄雨薇著. — 哈尔滨:哈尔滨工程大学出版社,2023.11
　　ISBN 978-7-5661-4153-8

Ⅰ. ①质… Ⅱ. ①冯… ②支… ③禄… Ⅲ. ①质量检验-分析-研究报告-中国-2022 Ⅳ. ①F279.23

中国国家版本馆 CIP 数据核字(2023)第 223380 号

质量工作第三方评价分析报告(2022 年)
ZHILIANG GONGZUO DI-SAN FANG PINGJIA FENXI BAOGAO (2022 NIAN)

选题策划	田　婧
责任编辑	王丽华
封面设计	李海波

出版发行	哈尔滨工程大学出版社
社　　址	哈尔滨市南岗区南通大街 145 号
邮政编码	150001
发行电话	0451-82519328
传　　真	0451-82519699
经　　销	新华书店
印　　刷	哈尔滨午阳印刷有限公司
开　　本	787 mm×1 092 mm　1/16
印　　张	5
字　　数	80 千字
版　　次	2023 年 11 月第 1 版
印　　次	2023 年 11 月第 1 次印刷
书　　号	ISBN 978-7-5661-4153-8
定　　价	29.80 元

http://www.hrbeupress.com
E-mail:heupress@ hrbeu.edu.cn

前　言

　　中共中央、国务院始终高度重视质量,《中华人民共和国国民经济和社会发展第十四个五年规划和 2035 年远景目标纲要》中提出了"推动质量变革、效率变革、动力变革"的新发展理念。为统筹推进质量强国建设,全面提高我国质量总体水平,2023 年 2 月,中共中央、国务院印发了《质量强国建设纲要》。

　　质量发展关系到人民群众的获得感、幸福感、安全感。党的二十大报告明确指出,"我国社会主要矛盾是人民日益增长的美好生活需要和不平衡不充分的发展之间的矛盾"。《质量强国建设纲要》深刻指出,质量强国"以满足人民日益增长的美好生活需要为根本目的"。质量发展与人民群众、市场主体的切身利益紧密相连。2022 年,我国市场主体总量突破 1.6 亿户。亿万市场主体保障了 7 亿多人的就业,支撑了经济平稳运行,是国家财富和社会财富稳定增长的重要源泉。消费者和市场主体作为政府主要服务对象,对政府部门质量工作的满意度评价是衡量政府质量工作水平的重要标尺,也是推进政府职能转变的直接动力。围绕经济领域中的消费者、市场主体开展政府质量工作第三方评价,既能反映消费者、市场主体在经济活动中的关心点和痛难点,又是政府提高质量服务水平的出发点和落脚点。

　　本书以 2022 年质量工作第三方测评数据为基础,分别统计和分析了全国31 个省(自治区、直辖市)、四大地理区域和 19 个城市群的消费者与市场主体对政府质量工作的满意度情况。站在国家层面,指出当前质量工作存在的不足,以期为促进省级和地区高质量发展提供合理化建议。

著　者
2023 年 9 月

目　　录

第一章　全国质量工作第三方测评情况

为全面了解社会公众和市场主体对当地质量工作的感受和评价,2022 年 9 月至 11 月,中国标准化研究院组织开展了 2022 年全国质量工作第三方测评调查。

一、调查指标体系

(一)调查方法和样本量

质量工作第三方测评综合采用消费者满意度调查和市场主体满意度调查两种方式。消费者满意度调查采用网络问卷和计算机辅助电话访问方式进行,市场主体满意度调查采用网络问卷方式进行。调查范围覆盖我国 31 个省(自治区、直辖市),按照"99%的置信度、1%的误差"的统计要求确定各省(自治区、直辖市)的最低样本量,对人口规模较大的省(自治区、直辖市),在最小样本量的基础上,按比例增加样本量,共回收有效样本量 20 150 个,其中消费者满意度调查样本量 13 950 个,市场主体满意度调查样本量 6 200 个。

(二)评价指标体系

2022 年政府质量工作消费者满意度测评内容包含产品质量、工程质量、服务质量和质量促进 4 个监测领域,选取消费者比较关注的问题点进行筛选、提炼,形成 15 项二级指标,见表 1-1。

表1-1　政府质量工作消费者满意度评价指标体系

监测领域	监测指标
产品质量	消费品质量
	农产品质量
	特种设备质量
	产品质量监管
工程质量	房屋质量
	交通工程质量
	水利工程质量
	工程质量监管
服务质量	教育服务质量
	医疗服务质量
	旅游服务质量
	服务质量监管
质量促进	质量投诉
	质量宣传
	质量活动

　　2022年政府质量工作市场主体满意度评价内容包含质量政策体系、质量安全监管、质量促进措施及质量基础设施4个监测领域，选取市场主体比较关注的问题点进行筛选、提炼，形成13项监测指标，见表1-2。

表 1-2 政府质量工作市场主体满意度评价指标体系

监测领域	监测指标
质量政策体系	政策知晓
	政策宣传
	政策帮扶
	营商环境
质量安全监管	监督检查
	行政执法
	执法打假
质量促进措施	质量活动
	质量奖励
	质量管理
	质量投诉
质量基础设施	能力建设
	"一站式"服务成效

(三)调查对象

消费者调查对象为年龄 18~79 周岁的常住人口(在样本地区居住 2 年以上),按性别、年龄、受教育程度、平均月收入等划分群体。性别层面,男性占比52%,女性占比 48%;年龄层面,18~44 岁占比 92.35%,45~59 岁占比 7.15%,60~79 岁占比 0.50%;受教育程度层面,本科占比 72.57%,其次分别为大专、硕士及以上、高中/中专/技校,初中及以下占比不足 2%;平均月收入层面,10 001~20 000 元群体占比最大,为 30.53%,其次分别为 4 001~8 000 元、8 001~10 000 元、20 001 元以上群体,4 000 元及以下群体占比 13.05%。不同类型消费者样本量占比情况见图 1-1。

市场主体调查对象为在当地行政区域内登记注册的企业。从不同规模企业来看,中型企业占比最高,微型企业占比最低;从不同性质企业来看,私营企业和国有企业占比较高,三资企业和其他企业占比较低。不同类型企业样本量占比情况见图 1-2。

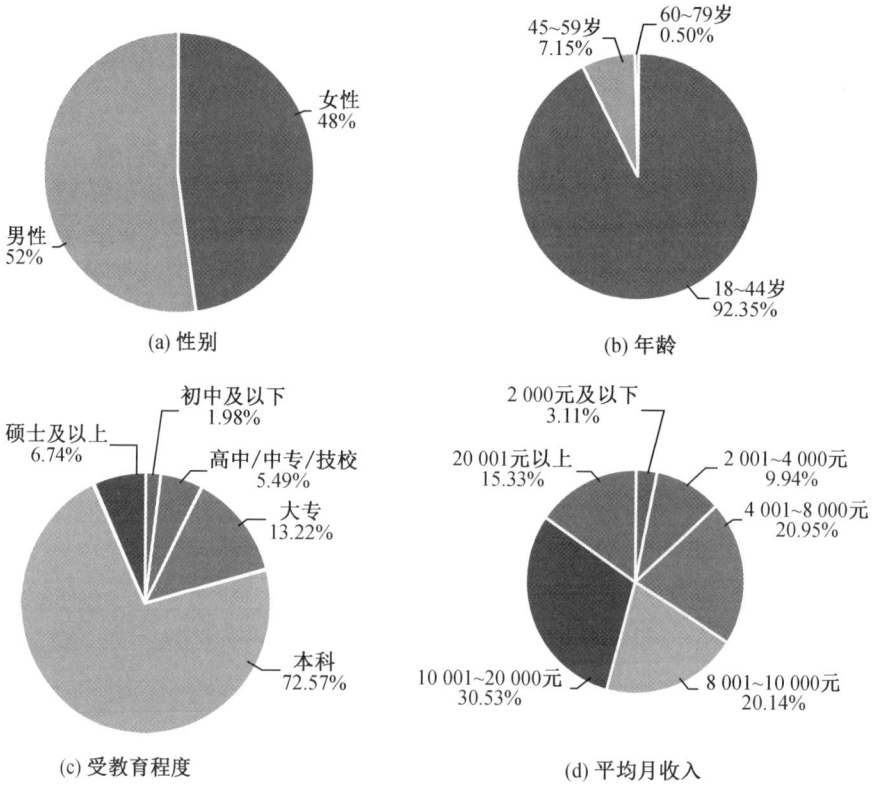

(a) 性别

(b) 年龄

(c) 受教育程度

(d) 平均月收入

图1-1　不同类型消费者样本量占比情况

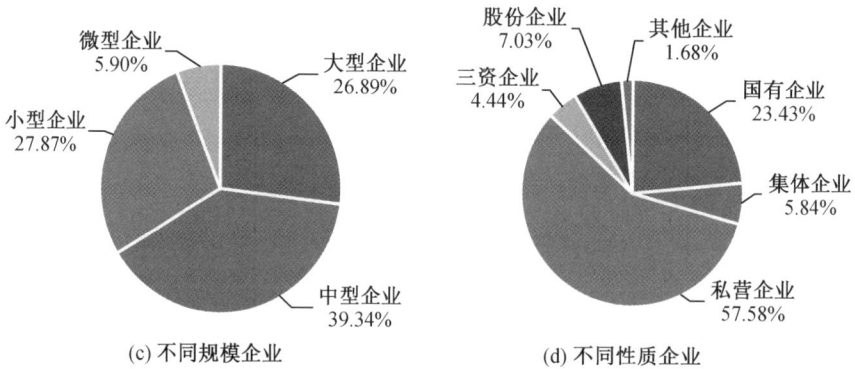

(c) 不同规模企业

(d) 不同性质企业

图1-2　不同类型企业样本量占比情况

二、质量工作第三方测评总体情况

2022 年全国质量工作消费者满意度评价得分为 76.25 分,较 2021 年 (75.59 分)增加了 0.66 分,呈平稳上升趋势。2021 年与 2022 年全国质量工作消费者满意度评价情况见图 1-3。

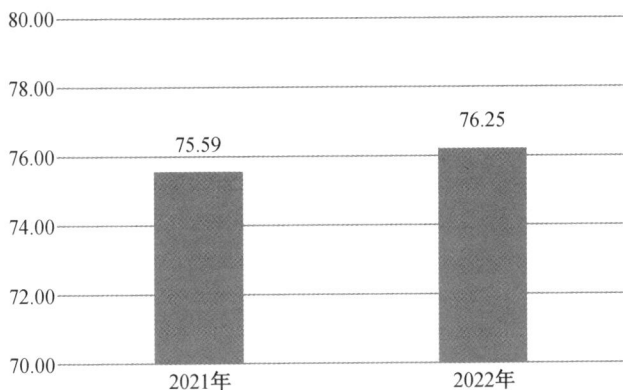

图 1-3 **2021 年与 2022 年全国质量工作消费者满意度情评价况**

2022 年全国质量工作市场主体满意度评价得分为 79.77 分,较 2021 年 (79.39 分)增加了 0.38 分,呈平稳上升趋势。2021 年与 2022 年全国质量工作市场主体满意度评价情况见图 1-4。

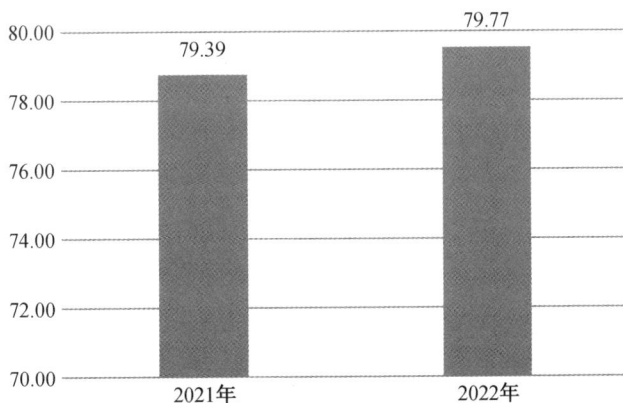

图 1-4 **2021 年与 2022 年全国质量工作市场主体满意度评价情况**

三、质量工作第三方测评指标情况

（一）消费者评价按领域评价结果

在消费者评价方面，从一级指标看，产品质量满意度得分最高，为76.75分，工程质量满意度次之，为76.46分，质量促进满意度得分为76.25分，服务质量满意度得分最低，为75.88分，见图1-5。

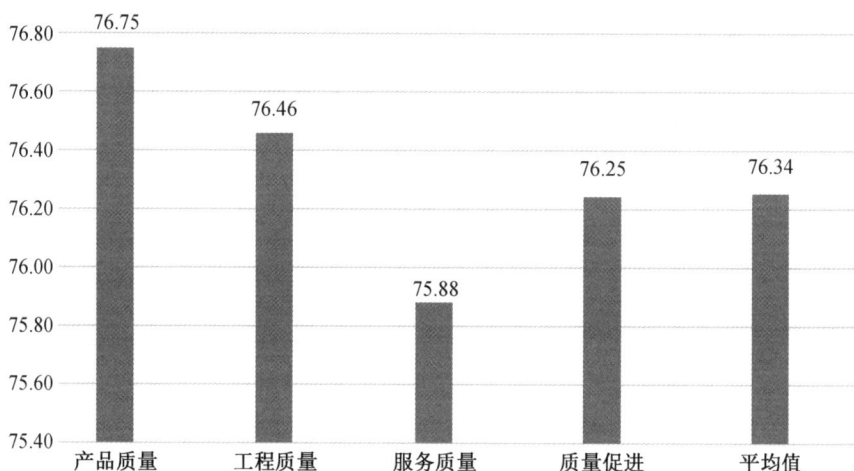

图1-5　消费者调查领域得分情况

从具体评价指标看，满意度得分由高到低依次为：消费品质量（78.34分）、农产品质量（78.32分）、水利工程质量（78.22分）、工程质量监管（76.73分）、质量宣传（76.66分）、旅游服务质量（76.59分）、服务质量监管（76.51分）、质量活动（76.35分）、教育服务质量（76.23分）、交通工程质量（75.92分）、产品质量监管（75.23分）、特种设备质量（75.11分）、房屋质量（74.99分）、质量投诉（74.76分）、医疗服务质量（74.18分）。

1.产品质量

从产品质量的二级指标看，消费品质量满意度得分最高，为78.34分，农产品质量满意度次之,为 78.32 分,特种设备质量满意度得分最低,为 75.11 分。产品质量二级指标得分情况见图 1-6。

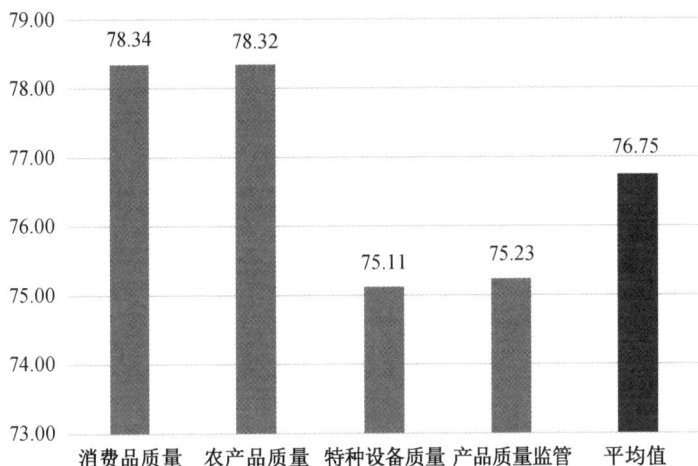

图 1-6 产品质量二级指标得分情况

对影响各类产品质量的主要因素进行了调查分析,受访者对各类产品质量不满意的原因反映如下。

消费品质量不满意问题情况分为日常用品质量不满意问题和家用电器质量不满意问题。

通过对日常用品质量不满意调查题目分析得知,在不满意的受访者中,42.25% 的受访者认为假冒产品多,31.01% 的受访者认为日常用品以次充好,以上是影响受访者对日常用品质量满意度评价的两个主要因素。另外有 19.38% 和 5.81% 的受访者分别反映日常用品有虚假成分标注以及含有毒有害物质的情况。日常用品质量不满意问题占比见图 1-7。

通过对家用电器质量不满意调查题目分析得知,在不满意的受访者中,超过 45.08% 的受访者认为家用电器耐用性差,23.36% 的受访者反映假冒产品多,另有 19.67% 和 9.84% 的受访者分别认为家用电器存在安全隐患和以次充好的现象,见图 1-8。

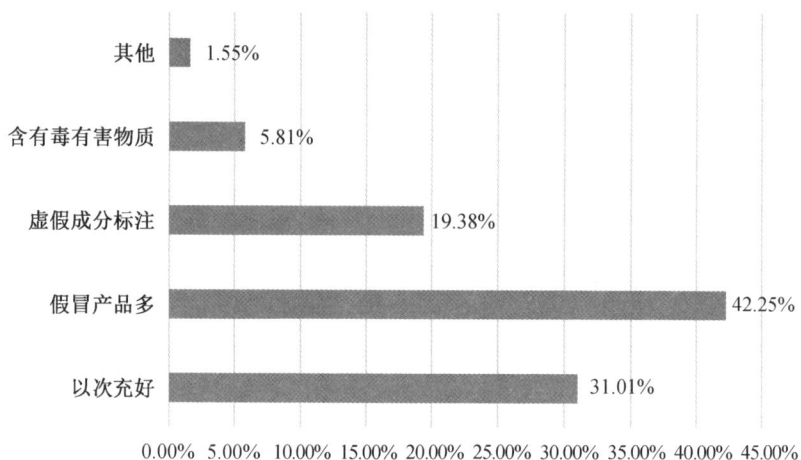

图 1-7 日常用品质量不满意问题占比

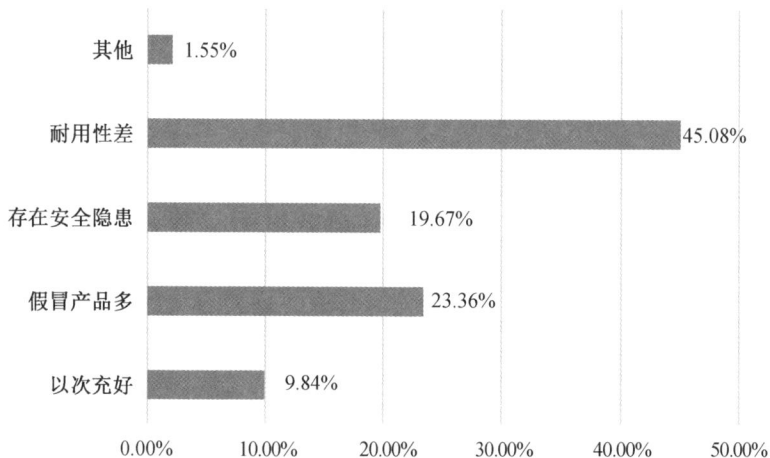

图 1-8 家用电器质量不满意问题占比

在农产品质量方面,农药残留是受访者对农产品质量不满意的主要因素,占比 42.81%,27.72% 的受访者认为农产品存在掺假掺杂的现象,24.21% 的受访者认为农产品生产过程中存在违规使用添加剂的现象,见图 1-9。

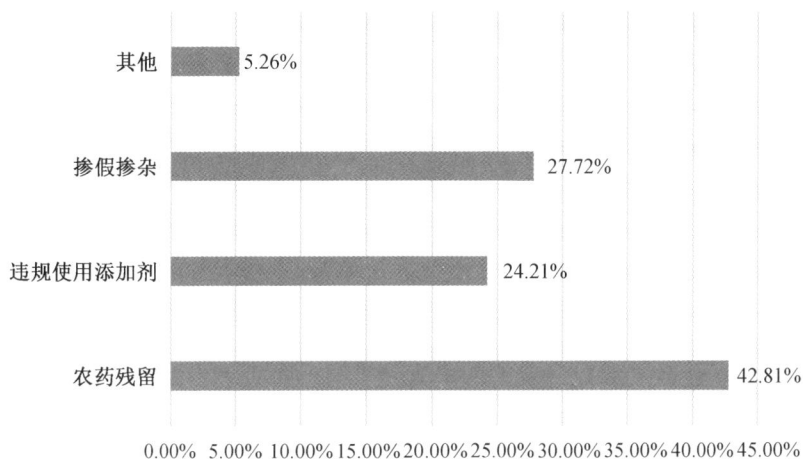

图 1-9　农产品质量不满意问题占比

在特种设备质量方面,缺乏定期检修是受访者对特种设备质量不满意的主要因素,占比 43.03%。此外,28.85% 的受访者认为设备存在安全隐患,22.12% 的受访者认为设备维护人员不到位,见图 1-10。

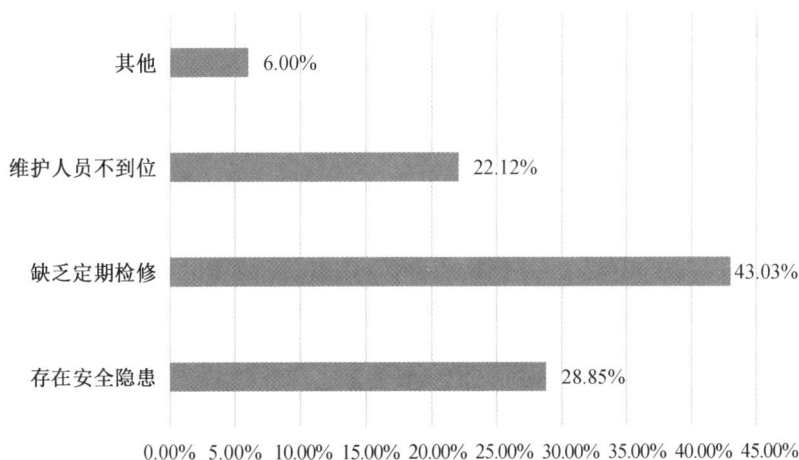

图 1-10　特种设备质量不满意问题占比

在产品质量监管方面，通过对其不满意调查题目分析得知，在不满意的受访者中，51.62%的受访者认为监管力度不足，23.04%的受访者认为执法打假力度不足，以上是影响产品质量监管满意度评价的两个主要因素。此外，12.44%的受访者认为监管程序不规范，12.90%的受访者认为监管措施不得当。产品质量监管不满意问题占比见图1-11。

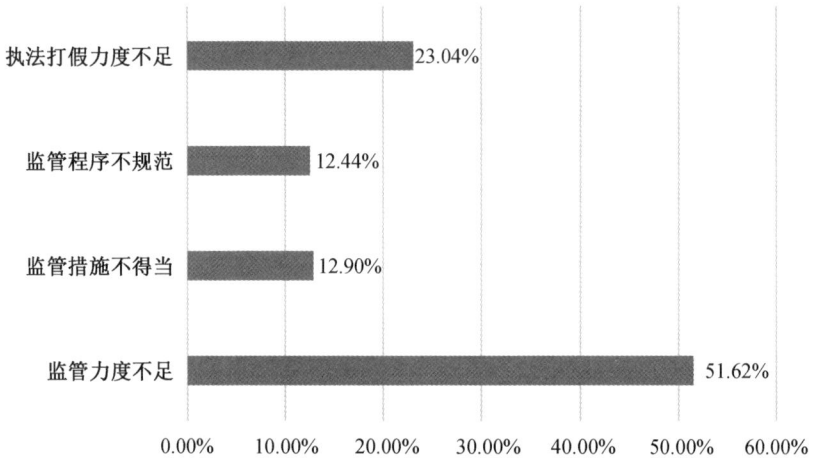

图1-11　产品质量监管不满意问题占比

2. 工程质量

从工程质量的二级指标看，水利工程质量满意度得分最高，为78.22分，工程质量监管满意度次之，为76.73分，交通工程质量满意度得分为75.92分，房屋质量满意度得分最低，为74.99分，见图1-12。

对影响各类工程质量的主要因素进行了调查分析，受访者对各类工程质量不满意的原因反映如下。

在房屋质量方面，41.89%的受访者认为房屋存在渗漏、裂缝等质量缺陷，32.43%的受访者认为房屋隔音、隔热效果差，另有13.24%和10.00%的受访者分别认为房屋存在面积缩水现象和安全隐患，见图1-13。

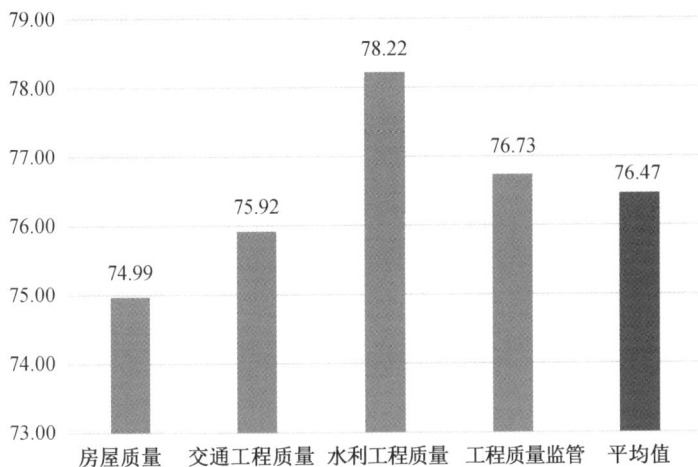

图 1-12　工程质量二级指标得分情况

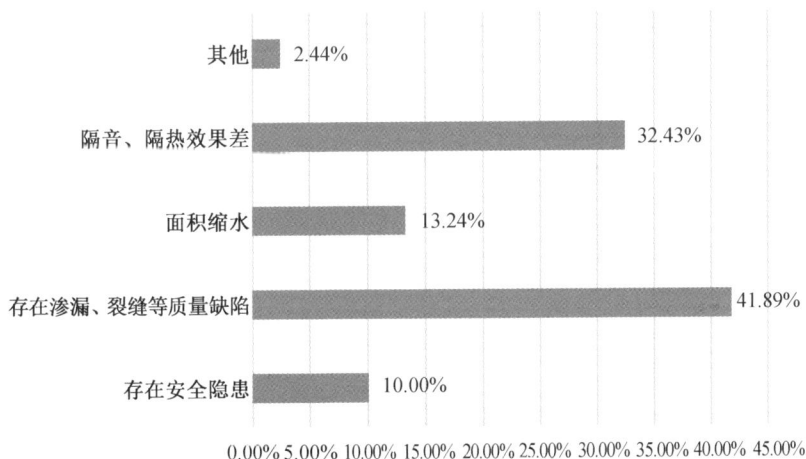

图 1-13　房屋质量不满意问题占比

在交通工程质量方面,34.97%的受访者认为存在指示标识不清的问题,33.61%的受访者认为存在偷工减料现象,另有 25.41%的受访者认为交通工程存在安全隐患,见图 1-14。

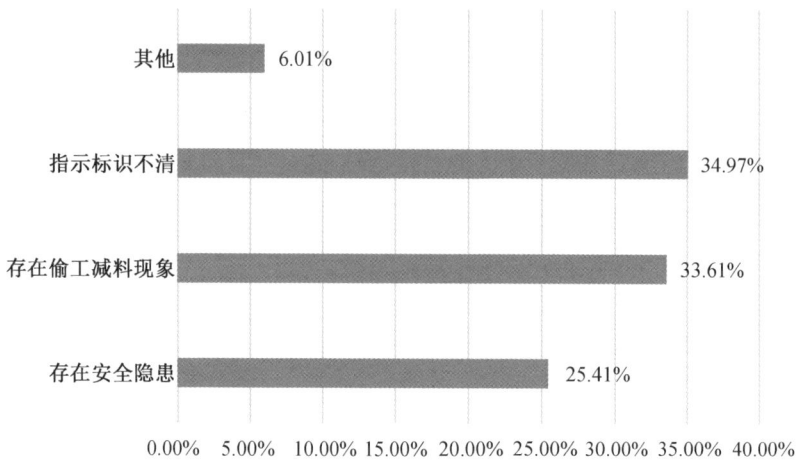

图 1-14 交通工程质量不满意问题占比

在水利工程质量方面，68.92%的受访者认为水利设施维修养护不到位，另有 15.54%和 13.85%的受访者分别认为水利工程中存在偷工减料现象和安全隐患，见图 1-15。

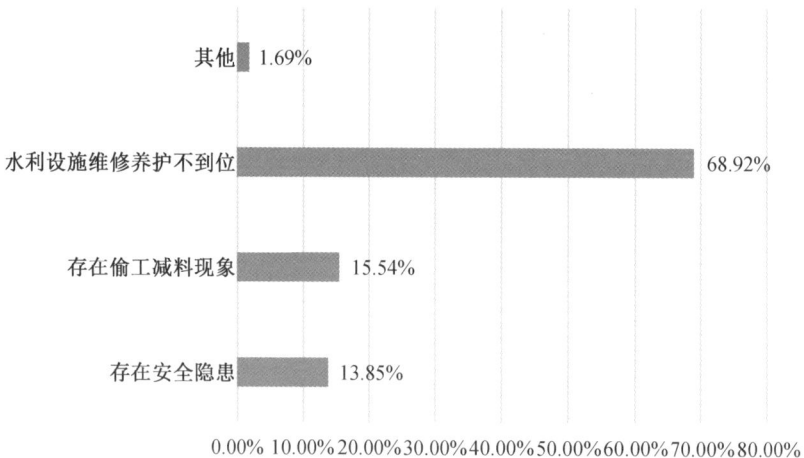

图 1-15 水利工程质量不满意问题占比

在工程质量监管方面,42.42%的受访者认为监管力度不足,27.25%的受访者认为违法整治不到位,另有16.01%和14.04%的受访者分别认为监管程序不规范和监管措施不得当,见图1-16。

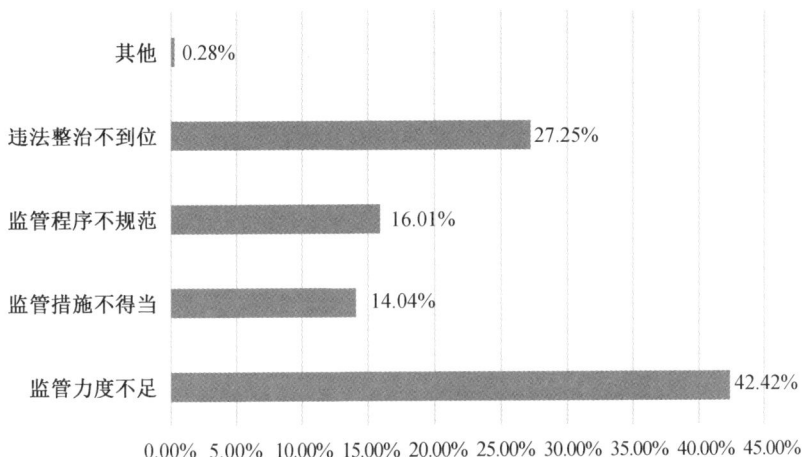

图1-16　工程质量监管不满意问题占比

3. 服务质量

从服务质量的二级指标看,教育服务质量、旅游服务质量和服务质量监管满意度得分相差不大,医疗服务质量满意度得分最低,为74.18分,见图1-17。

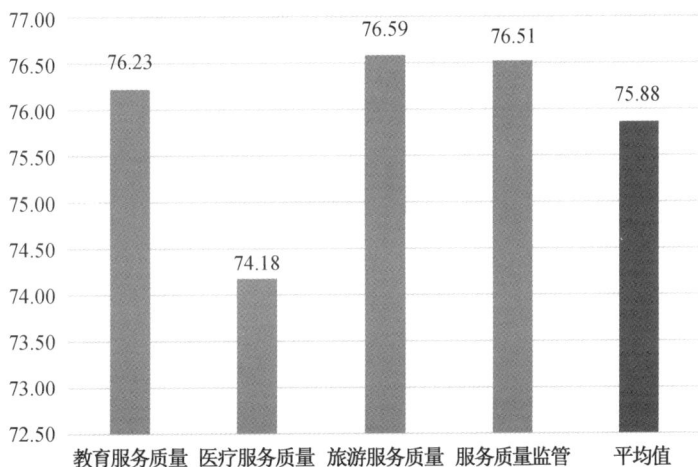

图1-17　服务质量二级指标得分情况

对影响各类服务质量的主要因素进行了调查分析,受访者对各类服务质量不满意的原因反映如下。

在教育服务质量方面,54.43%的受访者认为教育资源分布不均,20.57%的受访者反映入学难,另有19.79%和3.91%的受访者认为"双减"政策落实以及校园安全保障不到位,见图1-18。

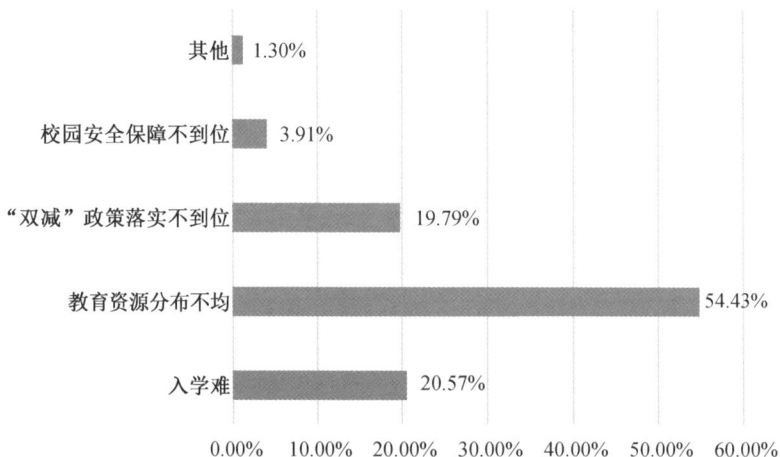

图1-18 教育服务质量不满意问题占比

在医疗服务质量方面,35.12%的受访者反映医疗水平不高,29.34%的受访者认为收费不合理,20.99%的受访者认为候诊时间长,13.28%的受访者认为挂号难,见图1-19。

在旅游服务质量方面,从旅游景区感知情况来看,超过四成(44.32%)的受访者因景区基础设施不完善而感到不满意,26.32%的受访者认为景区收费不合理,另有17.72%和10.25%的受访者分别认为周边餐饮住宿卫生条件差、旅行社服务诚信差,见图1-20。

在服务质量监管方面,47.93%的受访者认为监管力度不足是影响其对服务质量监管不满意的主要原因,22.87%的受访者认为违法整治不到位,另有16.25%和12.95%的受访者分别认为监管措施不得当、监管程序不规范,见图1-21。

其他　1.27%

候诊时间长　20.99%

挂号难　13.28%

收费不合理　29.34%

医疗水平不高　35.12%

0.00%　5.00%　10.00%　15.00%　20.00%　25.00%　30.00%　35.00%　40.00%

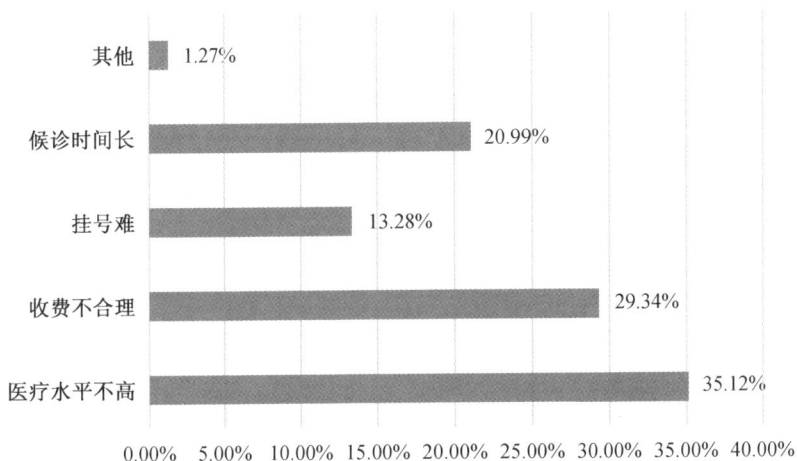

图1-19　医疗服务质量不满意问题占比

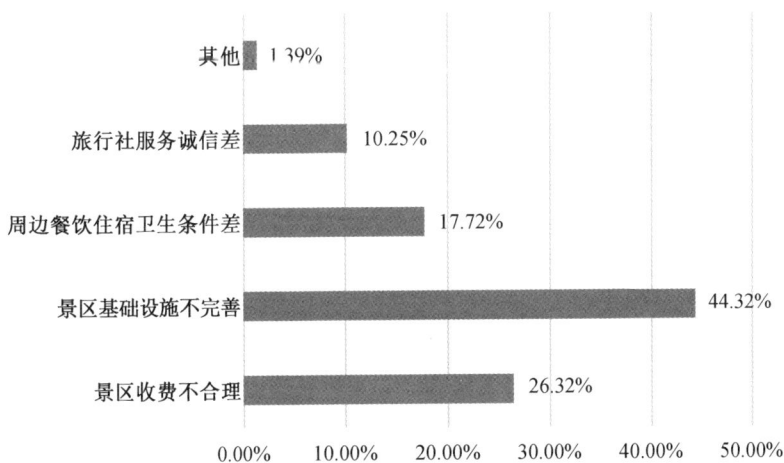

其他　1.39%

旅行社服务诚信差　10.25%

周边餐饮住宿卫生条件差　17.72%

景区基础设施不完善　44.32%

景区收费不合理　26.32%

0.00%　10.00%　20.00%　30.00%　40.00%　50.00%

图1-20　旅游服务质量不满意问题占比

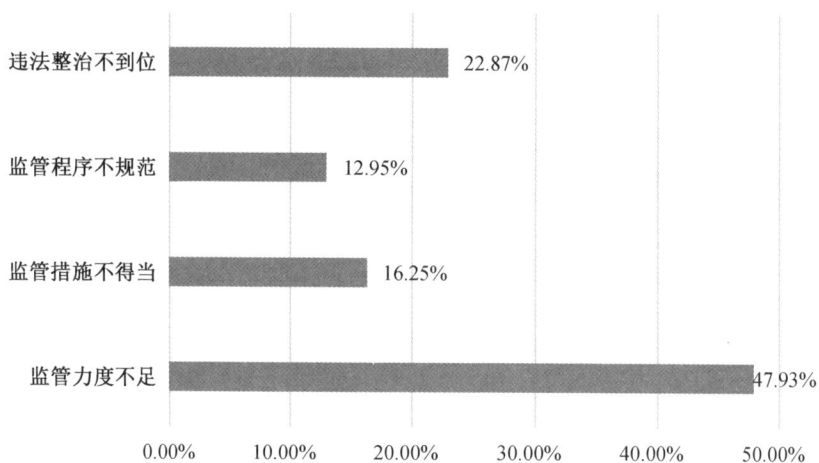

图 1-21　服务质量监管不满意问题占比

4.质量促进

从质量促进的二级指标看,质量宣传满意度得分最高,为 76.66 分,质量投诉满意度得分最低,为 74.76 分,见图 1-22。

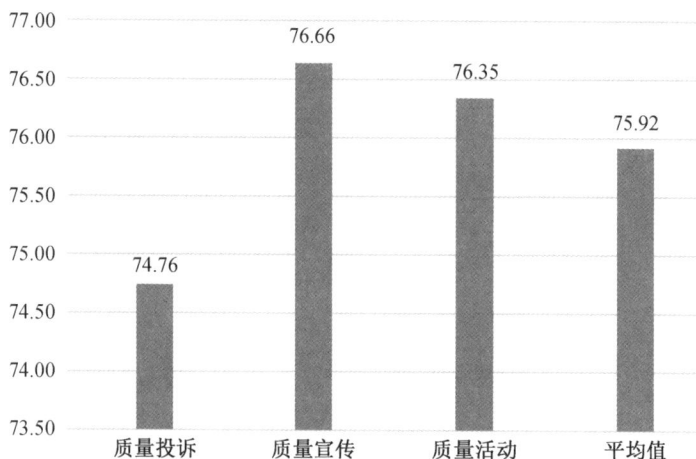

图 1-22　质量促进二级指标得分情况

对影响各类质量促进的主要因素进行了调查分析,受访者对各类质量促进的不满意原因反映如下。

在质量投诉方面,41.08%的受访者认为各个部门相互推诿,37.92%的受访者反映等待结果时间太久,另有18.74%和2.03%的受访者分别认为没有得到处理结果和应有的赔偿,见图1-23。

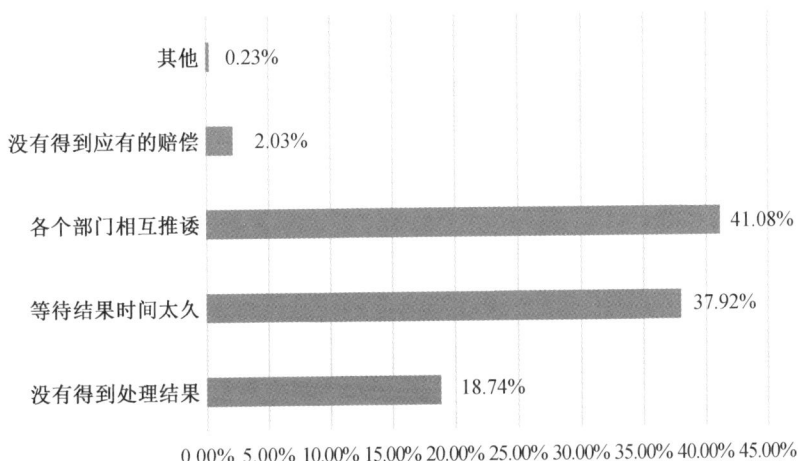

图1-23　质量投诉不满意问题占比

在质量宣传方面,超过一半(57.73%)的受访者认为宣传活动少、规模小,另有21.87%和19.83%的受访者分别认为宣传形式单一、宣传效果不好,见图1-24。

在质量活动方面,31.78%的受访者认为宣传力度不够,参与度不高和未开展质量活动占比均为20.99%,另有16.62%和8.16%的受访者分别认为活动形式单一、效果不好,见图1-25。

在消费者调查的15项具体指标中,评分偏低的领域主要集中在特种设备质量、房屋质量、医疗服务质量、质量投诉领域。其中特种设备质量反映的主要问题是缺乏定期检修,不满意人数占受访者人数的43.03%;房屋质量反映的主要问题是存在渗漏、裂缝等质量缺陷,不满意人数占受访者人数的41.89%;医疗服务质量反映的主要问题是医疗水平不高,不满意人数占受访者人数的

35.12%;质量投诉反映的主要问题是各个部门相互推诿,不满意人数占受访者人数的41.08%。质量水平各指标满意度得分见图1-26。

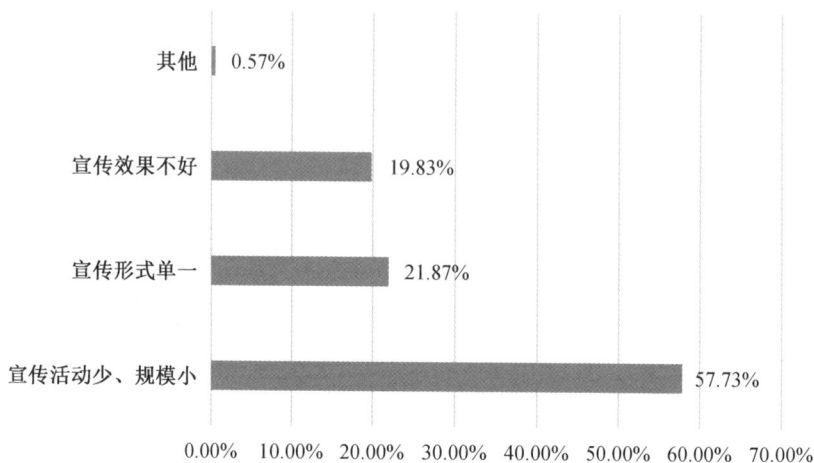

图1-24　质量宣传不满意问题占比

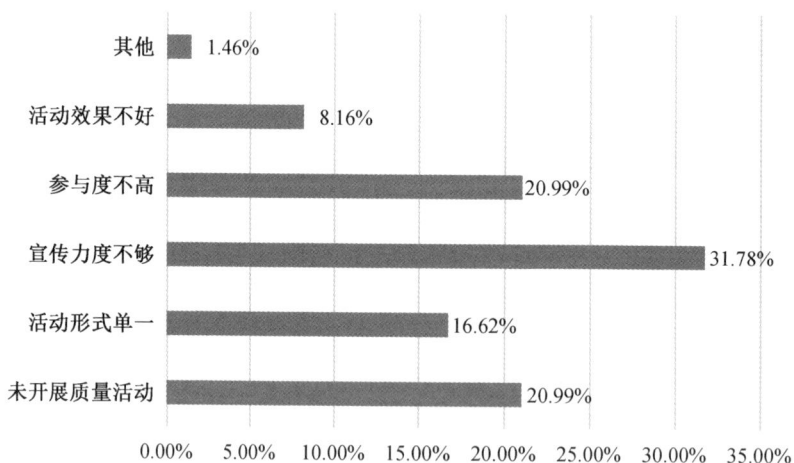

图1-25　质量活动不满意问题占比

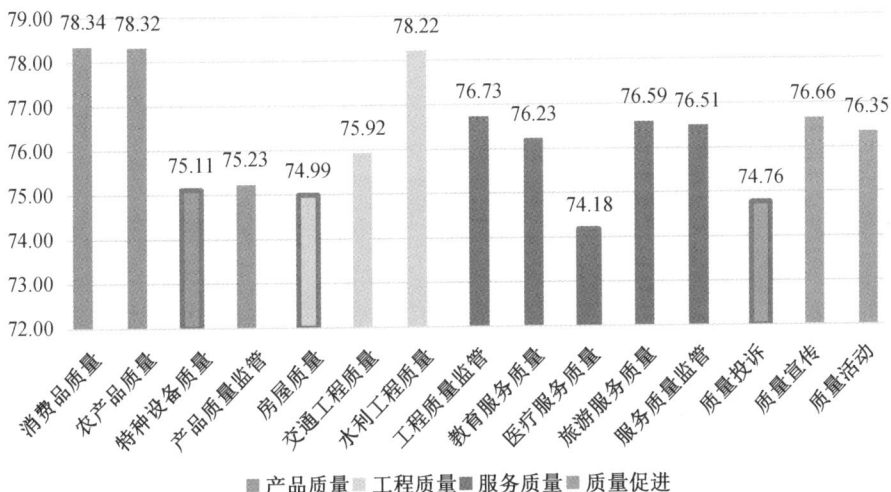

图 1-26　质量水平各指标满意度得分

(二) 市场主体评价按领域评价结果

市场主体评价的 4 个领域满意度得分由高到低依次为质量安全监管(81.07 分)、质量基础设施(80.66 分)、质量促进措施(80.64 分)、质量政策体系(76.70 分),见图 1-27。

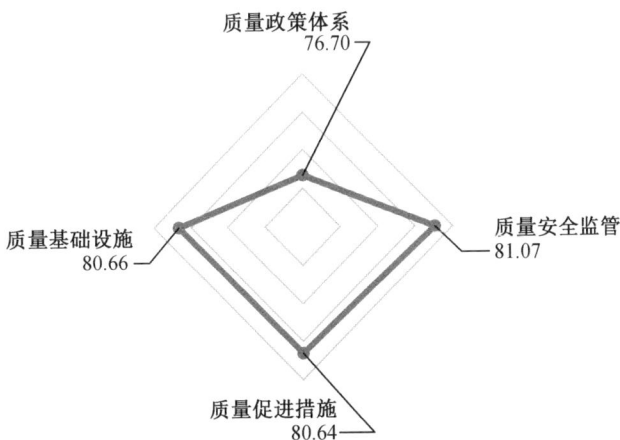

图 1-27　政府质量工作市场主体各领域评价情况

与 2021 年评价结果相比,质量促进措施、质量基础设施和质量安全监管满意度得分稳步上升,分别提升 2.12 分、1.82 分和 1.51 分,质量政策体系下降 3.95 分,见图 1-28。

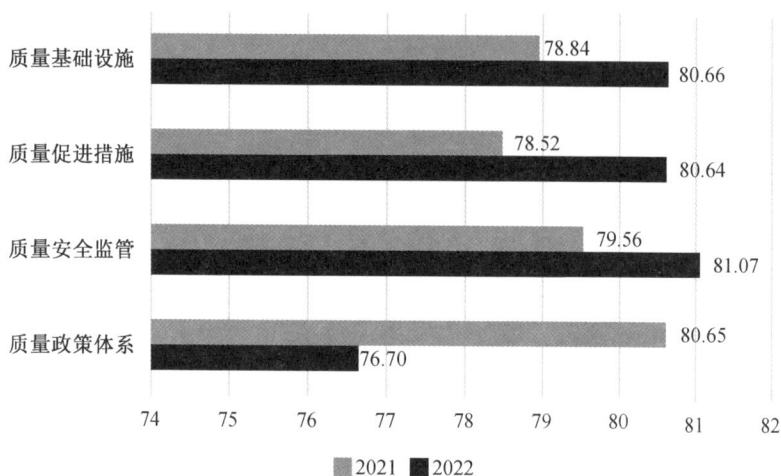

图 1-28 政府质量工作市场主体各领域评价得分对比图

1. 质量政策体系

质量政策体系下设政策知晓、政策宣传、政策帮扶和营商环境 4 个二级指标。与质量政策体系领域平均分(76.70 分)相比,政策宣传满意度(77.88 分)和营商环境满意度(77.27 分)均高于平均分,政策知晓满意度(75.74 分)和政策帮扶满意度(75.90 分)均低于平均分,见图 1-29。

本次调查显示对政策宣传不满意的原因:"信息公开、宣传渠道少"占比 47.71%,"宣传活动少、规模小"占比 45.43%,"信息公开不及时、不准确"占比 2.57%,"信息公开方式陈旧、单一"占比 2.86%,"其他"占比 1.43%。政策宣传不满意原因占比情况见图 1-30。

本次调查显示对政策帮扶不满意的原因:"缺乏配套措施,无法推进落实"占比 37.43%,"政策门槛过高,无法享受"占比 45.14%,"操作不透明,缺乏公平公正环境"占比 15.14%,"其他"占比 2.29%。政策帮扶不满意原因占比情况见图 1-31。

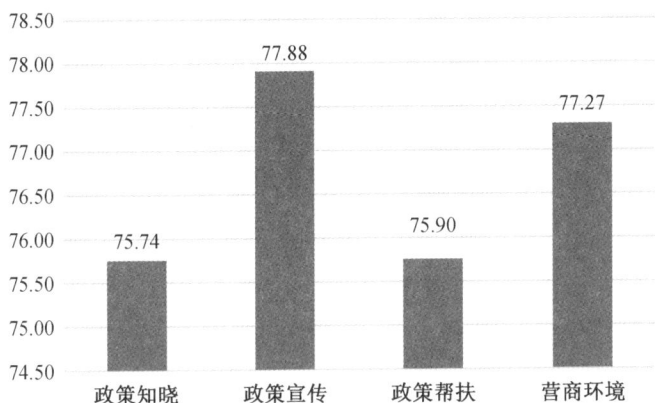

图 1-29 质量政策体系二级指标得分情况

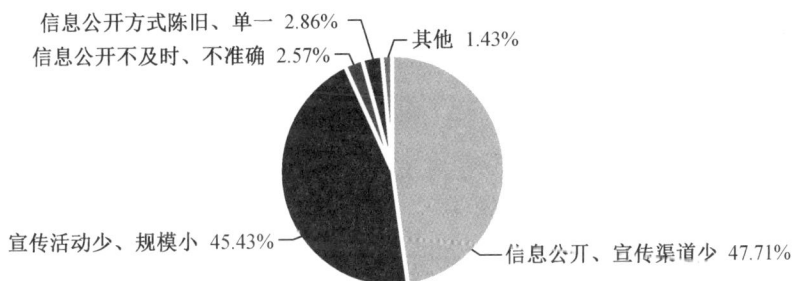

图 1-30 政策宣传不满意原因占比情况

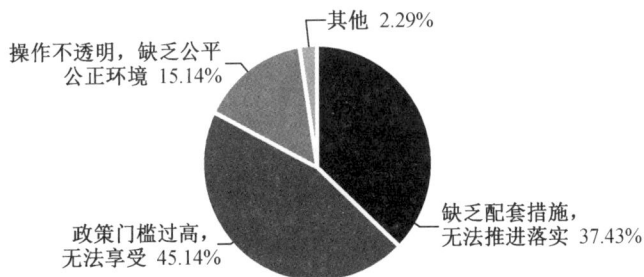

图 1-31 政策帮扶不满意原因占比情况

2.质量安全监管

质量安全监管下设监督检查、行政执法和执法打假3个二级指标，与质量安全监管领域平均分（81.07分）相比，监督检查满意度（82.04分）高于平均分，行政执法满意度（80.59分）和执法打假满意度（80.59分）均低于平均分，见图1-32。

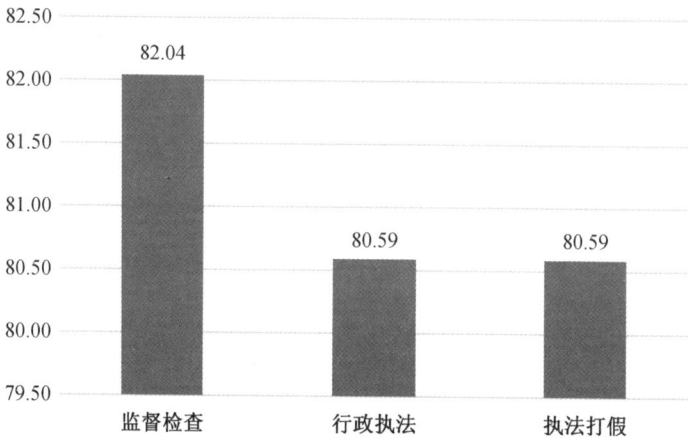

图1-32 质量安全监管二级指标得分情况

（1）监督检查

本次调查显示对监督检查不满意的原因："检查人员工作作风和态度问题"占比54.57%，"检查程序不规范"占比38.86%，"存在以检查名义收取费用或签订协议等行为"占比5.43%，"其他"占比1.14%。监督检查不满意原因占比情况见图1-33。

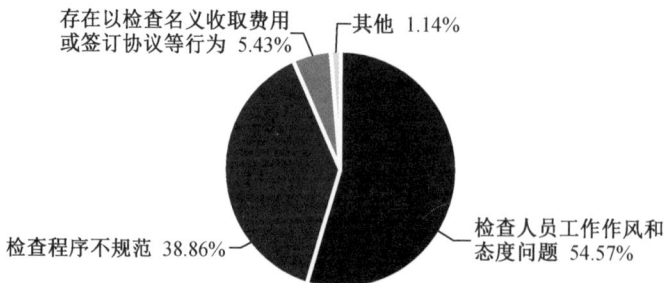

图1-33 监督检查不满意原因占比情况

（2）行政执法

本次调查显示对行政执法不满意的原因:"执法队伍业务素质不高"占比26.57%,"执法程序不规范"占比62.29%,"执法不严,存在选择性执法"占比8.29%,"其他"占比2.85%。行政执法不满意原因占比情况见图1-34。

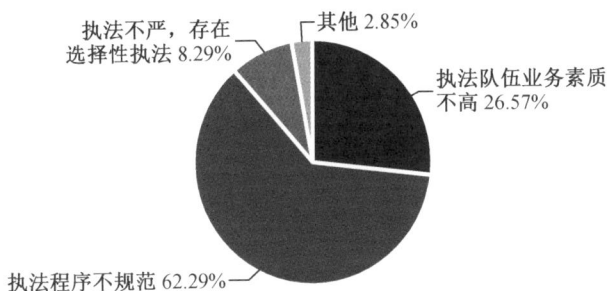

图 1-34　行政执法不满意原因占比情况

3. 质量促进措施

质量促进措施下设活动效果、质量奖励、质量管理和质量投诉4个二级指标。与质量促进措施领域平均分(80.64分)相比,质量奖励满意度(82.42分)和活动效果满意度(81.72分)高于平均分,质量投诉满意度(79.58分)和质量管理满意度(78.85分)低于平均分,见图1-35。

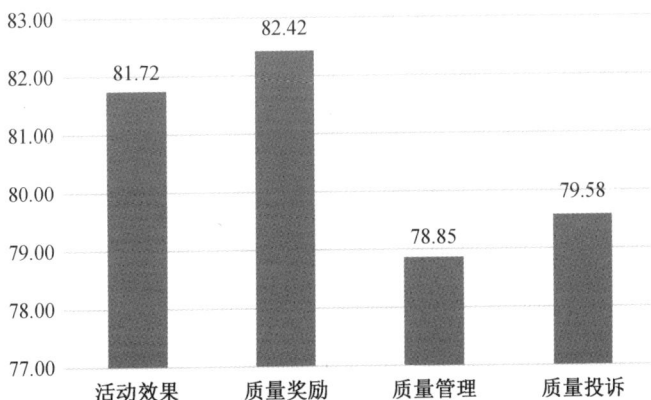

图 1-35　质量促进措施二级指标得分情况

（1）质量奖励

本次调查显示对质量奖励不满意的原因："不了解质量奖励相关工作"占比52.57%，"申报门槛较高"占比29.14%，"评审的公平公正性问题"占比10.57%，"获奖后的激励优惠政策未落实"占比6.57%，"其他"占比1.15%。质量奖励不满意原因占比情况见图1-36。

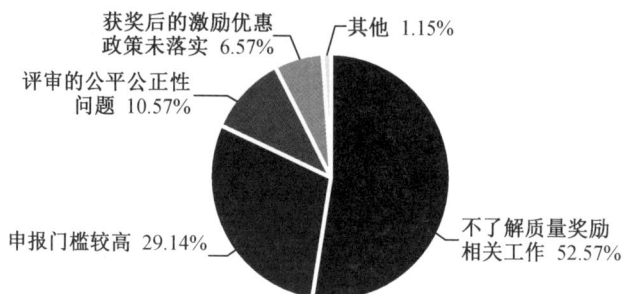

图1-36　质量奖励不满意原因占比情况

（2）质量投诉

本次调查显示对质量投诉不满意的原因："不了解投诉途径"占比6.86%，"投诉处理不及时"占比64.57%，"各部门相互推诿"占比16.00%，"未得到处理结果"占比12.57%，未出现"投诉人信息被泄露"情况。质量投诉不满意原因占比情况见图1-37。

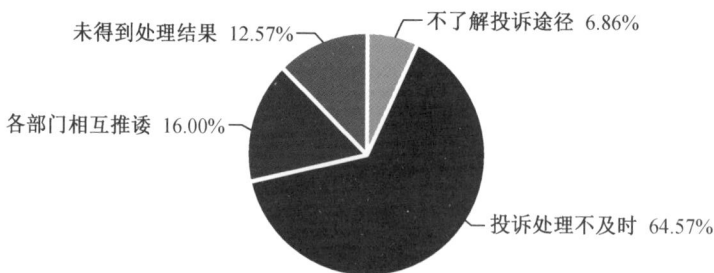

图1-37　质量投诉不满意原因占比情况

4. 质量基础设施

质量基础设施下设质量基础设施能力建设和"一站式"服务 2 个二级指标，与质量基础设施领域平均分（80.66 分）相比，质量基础设施能力建设满意度（80.99 分）高于平均分，"一站式"服务满意度（80.32 分）低于平均分，见图 1-38。

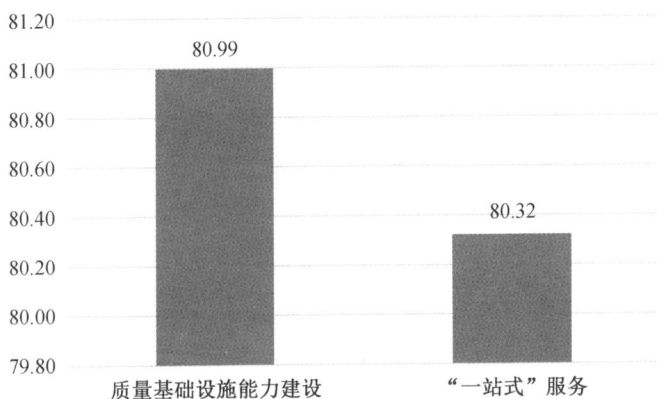

图 1-38　质量基础设施二级指标得分情况

（1）质量基础设施能力建设

本次调查显示对质量基础设施能力建设不满意的原因："计量"占比 27.14%，"标准"占比 46.58%，"检验检测"占比 9.71%，"认证认可"占比 16.57%。质量基础设施能力建设不满意原因占比情况见图 1-39。

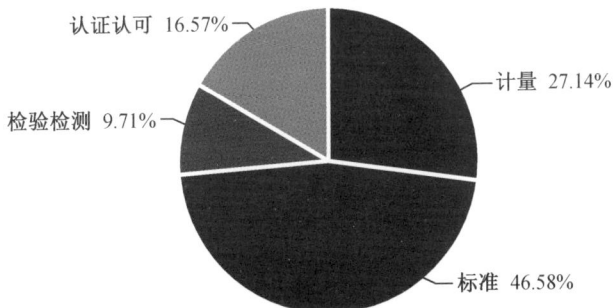

图 1-39　质量基础设施能力建设不满意原因占比情况

（2）"一站式"服务

本次调查显示对"一站式"服务不满意的原因："服务效果不理想"占比27.71%，"服务价格高"占比54.29%，"服务周期太长"占比12.29%，"当地未开展'一站式'服务"占比4.43%，"不知从哪里获取服务"占比1.00%，"其他"占比0.28%。质量基础设施能力建设不满意原因占比情况见图1-40。

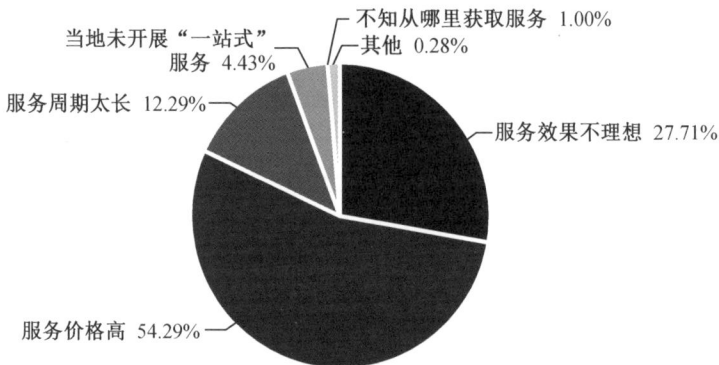

图1-40 "一站式"服务不满意原因占比情况

四、结果分析

2022年全国质量工作第三方测评结果为77.42分，处于比较满意水平，其中市场主体评价得分（79.77分）略高于消费者评价得分（76.25分），接近非常满意水平（80分），有可提升的空间。

（一）消费者评价

从消费者评价角度看，产品质量满意度评价得分最高，为76.75分，工程质量次之，为76.46分，服务质量和质量促进评价得分相对偏低。

在产品质量方面，特种设备质量满意度得分最低，43.03%的受访者认为缺乏定期检修，28.85%的受访者认为设备存在安全隐患。特种设备由于使用不规范，容易造成设备磨损和老化，一旦出现故障而未及时处理，将会影响到受访者的人身安全,因此,特种设备的安全问题应加以重视。

在工程质量方面,房屋质量满意度得分偏低,其中房屋存在渗漏、裂缝等质量缺陷以及隔音、隔热效果差等问题是受访者对房屋质量不满意的主要原因,分别占 41.89%和32.43%。

在服务质量方面,医疗服务质量满意度相对较低,从受访者反映的情况看,医疗水平不高、收费不合理以及候诊时间不满意是受访者对医疗服务质量不满意的主要原因。

在质量促进方面,质量投诉的满意度得分最低,其中各个部门相互推诿和等待结果时间太久等问题是受访者对质量投诉不满意的主要原因,分别占比41.08%和37.92%。

(二) 市场主体评价

从市场主体评价角度看,质量安全监管、质量基础设施以及质量促进措施评价均在80分以上,处于非常满意水平,质量政策体系满意度得分相对偏低。

在质量政策体系方面,对当地促进企业质量提升的政策宣传落实方面比较欠缺。

在质量安全监管方面,质量检查评价较高,行政执法和执法打假评价较低。

在质量促进措施方面,质量管理是目前薄弱的环节。

在质量基础设施方面,得分仅次于质量安全监管,需要加以完善和改进。

2022年,各地认真抓落实,积极开展质量基础设施"一站式"服务。从调查结果看,目前质量基础设施"一站式"服务仍存在不少问题。

第二章 质量工作第三方测评区域差异分析

一、四大地理区域分析

将全国 31 个省（自治区、直辖市）根据地理位置划分为东部、中部、西部、东北部四大区域①。其中各区域分布如下：

东部地区是指北京、天津、河北、上海、江苏、浙江、福建、山东、广东和海南 10 省（直辖市）。

中部地区是指山西、安徽、江西、河南、湖北和湖南 6 省。

西部地区是指内蒙古、广西、重庆、四川、贵州、云南、西藏、陕西、甘肃、青海、宁夏和新疆 12 省（自治区、直辖市）。

东北部地区是指辽宁、吉林和黑龙江 3 省。

根据上述四大区域的划分，从消费者和市场主体两个维度，考察各区域对质量工作第三方测评的情况，均采用加权平均法来计算各区域的总体分数和分指标分数。

（一）消费者评价按区域评价结果

四大区域消费者对质量工作第三方测评调查结果如下：

从各区域看，得分由高至低依次为东部地区（78.54 分）、中部地区（75.90 分）、东北部地区（75.38 分）、西部地区（74.74 分），见图 2-1。东部地区得分较低的

---

① 依据来源于《中华人民共和国 2022 年国民经济和社会发展统计公报》。

两个质量领域分别为工程质量(78.45分)和质量促进(78.10分);东北部、中部、西部地区得分较低的两个质量领域均为服务质量和质量促进,见图2-2。

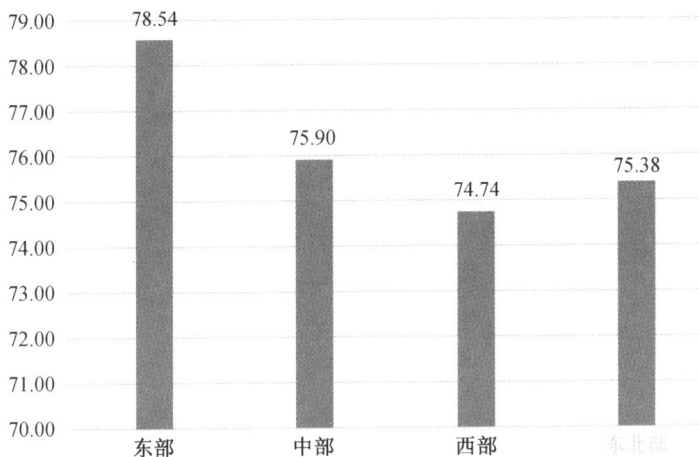

图 2-1 消费者调查区域总体得分情况

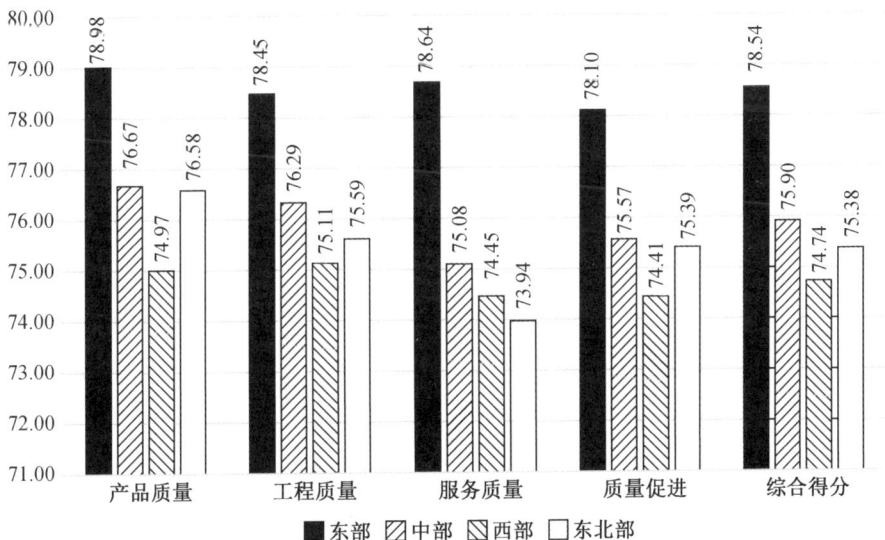

图 2-2 消费者调查区域指标得分情况

1. 产品质量

消费者评价调查显示,东部地区产品质量满意度分数最高,为78.98分,其次依次为中部地区(76.67分)和东北部地区(76.58分)。产品质量满意度得分最低的是西部地区,为74.97分,见图2-3。

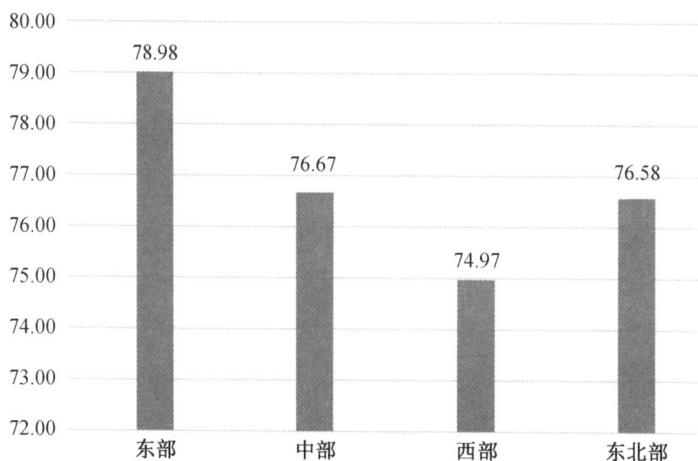

图2-3 产品质量满意度区域得分

在产品质量二级指标上,东部地区对消费品质量、农产品质量、特种设备质量和产品质量监管满意度最高,西部地区对消费品质量、特种设备质量、产品质量监管满意度最低,东北部地区对农产品质量满意度最高,见表2-1。

表2-1 产品质量满意度区域得分

区域	消费品质量	农产品质量	特种设备质量	产品质量监管
东部	80.69	79.86	77.58	77.80
中部	78.84	78.66	74.88	74.30
西部	76.24	76.84	73.12	73.70
东北部	78.01	78.50	75.25	74.57

2.工程质量

消费者评价调查显示,东部地区对工程质量满意度分数最高,为78.45分,其次依次为中部地区(76.29分)和东北部地区(75.59分)。工程质量满意度得分最低的是西部地区,为75.11分,见图2-4。

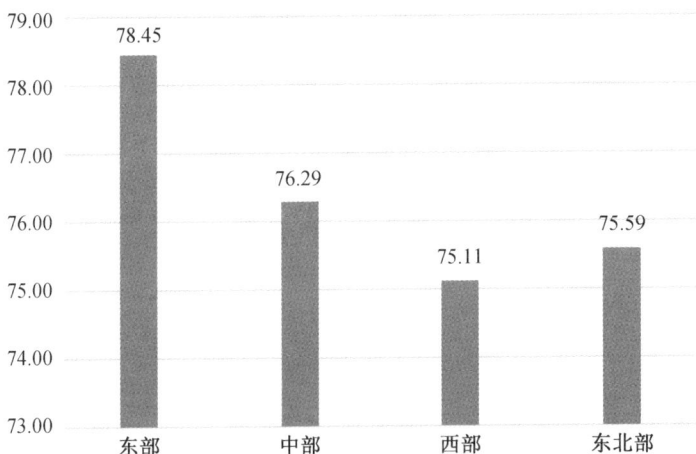

图 2-4　工程质量满意度区域得分

在工程质量二级指标上,东部地区对房屋质量、交通工程质量、水利工程质量和工程质量监管满意度最高,西部地区对交通工程质量和水利工程质量满意度最低,中部地区对房屋质量满意度最低,东北部地区对工程质量监管满意度最低,见表2-2。

表 2-2　工程质量满意度区域得分

区域	房屋质量	交通工程质量	水利工程质量	工程质量监管
东部	76.39	78.85	80.03	78.52
中部	74.09	75.30	78.87	76.90
西部	74.36	73.97	76.60	75.52
东北部	74.61	75.23	77.36	75.19

3. 服务质量

消费者评价调查显示，东部地区服务质量满意度分数最高，为78.64分，其次为中部地区(75.08分)和西部地区(74.45分)。服务质量满意度得分最低的是东北部地区，为73.94分，见图2-5。

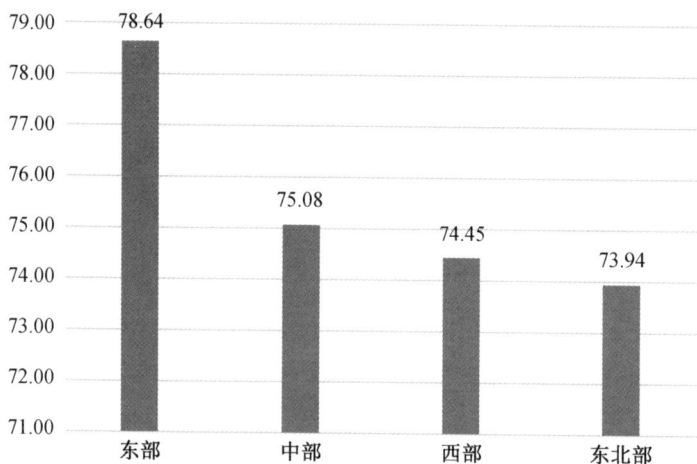

图2-5　服务质量满意度区域得分

在服务质量二级指标上，东部地区对教育服务质量、医疗服务质量、旅游服务质量和服务质量监管满意度最高，东北部地区对教育服务质量、旅游服务质量满意度最低，西部地区对医疗服务质量和服务质量监管满意度最低，见表2-3。

表2-3　服务质量满意度区域得分

区域	教育服务质量	医疗服务质量	旅游服务质量	服务质量监管
东部	78.77	76.54	80.00	79.27
中部	75.55	73.28	75.31	76.20
西部	75.23	72.80	75.06	74.72
东北部	73.14	73.61	73.93	75.09

4. 质量促进

消费者评价调查显示,东部地区质量促进满意度分数最高,为79.27分,其次依次为中部地区(76.20分)和东北部地区(75.09分)。质量促进满意度得分最低的是西部地区,为74.72分,见图2-6。

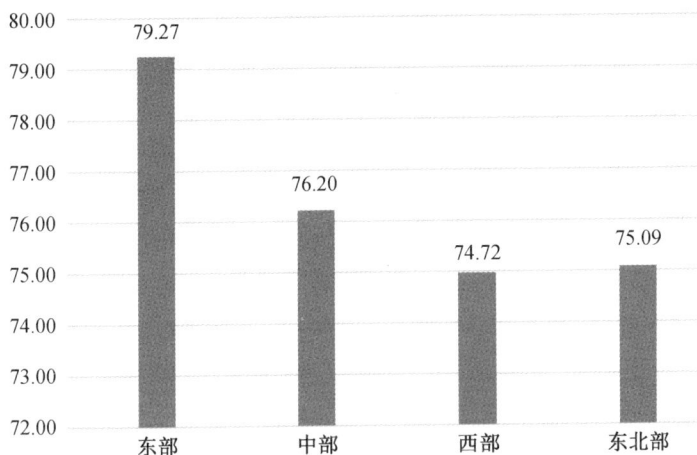

图 2-6　质量促进满意度区域得分

在质量促进二级指标上,东部地区对质量投诉、质量宣传和质量活动满意度最高,西部地区对质量投诉、质量宣传和质量活动满意度最低,见表2-4。

表 2-4　质量促进满意度区域得分

区域	质量投诉	质量宣传	质量活动
东部	77.06	78.57	78.16
中部	74.73	76.09	75.90
西部	73.03	75.26	75.30
东北部	74.06	76.97	75.39

（二）市场主体评价按区域评价结果

四大区域市场主体对质量工作评价的调查结果如下：

从区域看，市场主体评价得分由高至低依次为：东部地区（80.81分）、东北部地区（80.03分）、中部地区（79.29分）、西部地区（79.07分），见图2-7。

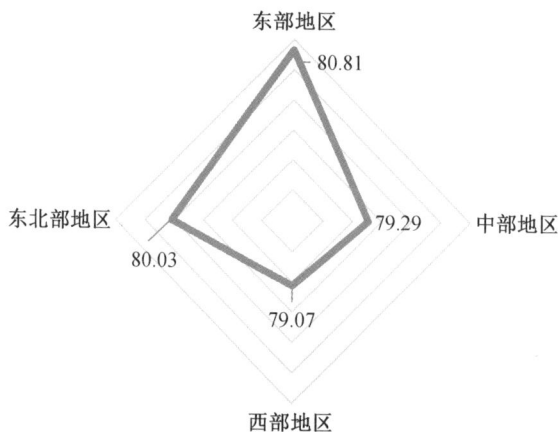

图2-7　市场主体评价各区域得分情况

与2021年评价结果相比，东北部地区、西部地区、中部地区的满意度得分呈上升趋势，分别提升1.92分、1.36分和0.21分，东部地区的满意度得分下降0.28分，见图2-8。

在考察各区域分项指标后发现，东部地区得分最高的领域为质量安全监管（82.14分），得分较低的领域为质量政策体系（78.22分），见图2-9。

中部地区得分较高的领域为质量安全监管（80.50分），得分较低的领域为质量政策体系（77.01分），见图2-10。

西部地区得分较高的领域为质量促进措施（80.35分），得分较低的领域为质量政策体系（75.67分），见图2-11。

东北部地区得分较高的领域为质量安全监管（81.75分），得分较低的领域为质量政策体系（75.10分），见图2-12。

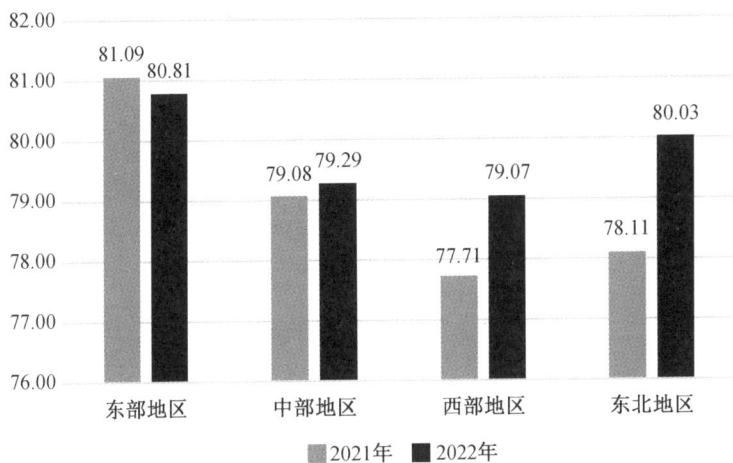

图 2-8 市场主体评价各区域得分情况

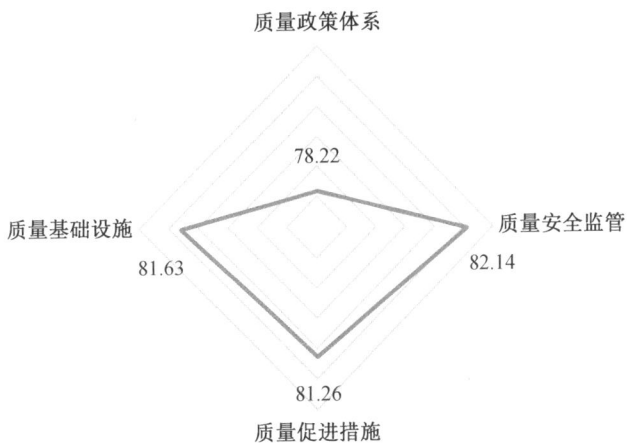

图 2-9 东部地区各领域得分情况

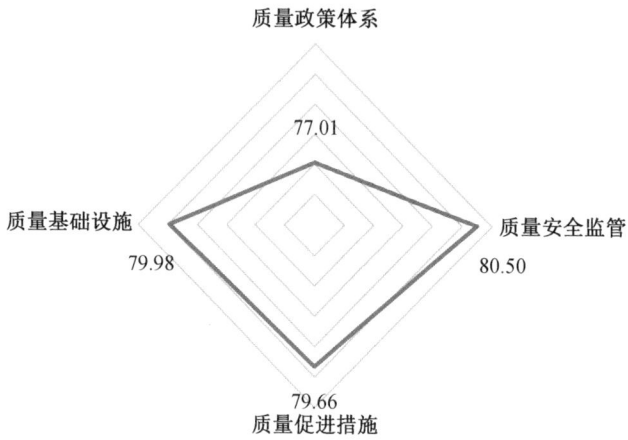

图 2-10　中部地区各领域得分情况

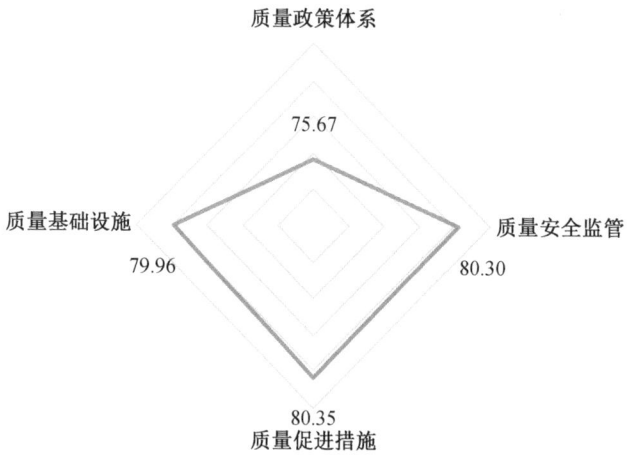

图 2-11　西部地区各领域得分情况

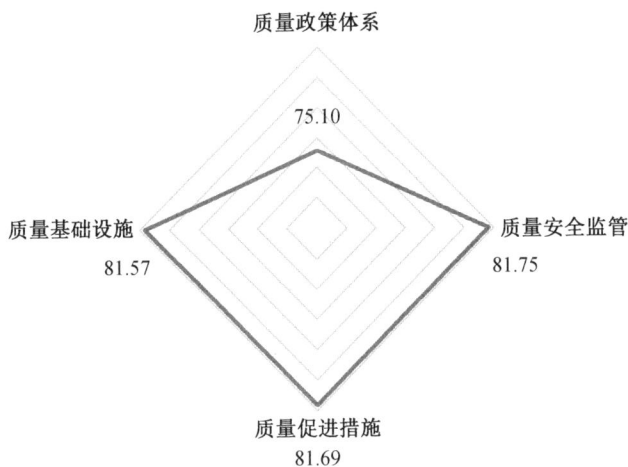

图 2-12　东北部地区各领域得分情况

1. 质量政策体系

从四大地理区域市场主体对质量政策体系评价调查发现,东部地区对质量政策体系评价分数最高,达到 78.22 分,中部地区第二(77.01 分),西部地区第三(75.67 分),见图 2-13。

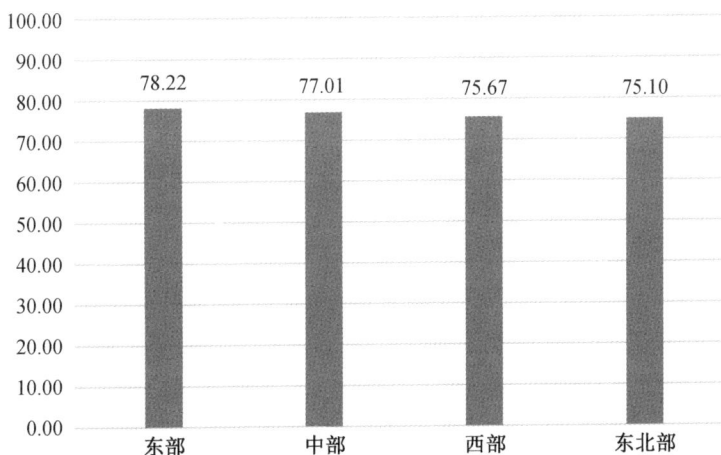

图 2-13　2022 年质量政策体系四大地理区域得分

2. 质量安全监管

从四大地理区域市场主体对质量安全监管评价调查发现，东部地区对质量安全监管评价分数最高，达到82.14分，东北部地区第二（81.75分），中部地区第三（80.05分），见图2-14。

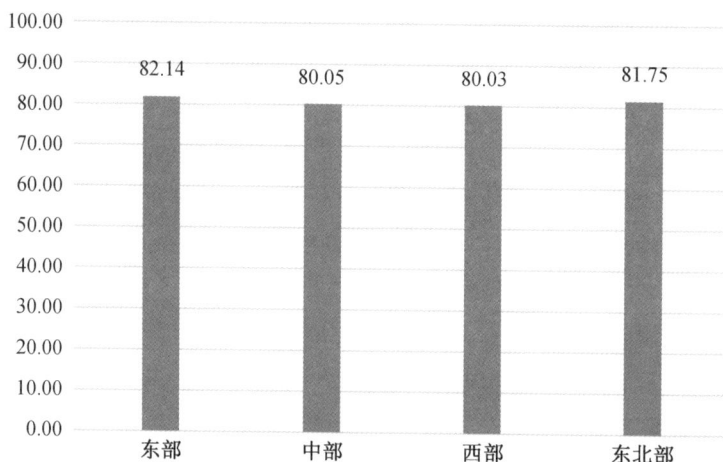

图2-14　2022年质量安全监管四大地理区域得分

3. 质量促进措施

从四大地理区域市场主体对质量促进措施评价调查发现，东北部地区对质量促进措施评价分数最高，达到81.69分，东部地区第二（81.26分），西部地区第三（80.35分），见图2-15。

4. 质量基础设施

从四大地理区域市场主体对质量基础设施评价调查发现，东部地区对质量基础设施评价分数最高，达到81.63分，东北部地区第二（81.57分），中部地区第三（79.98分），见图2-16。

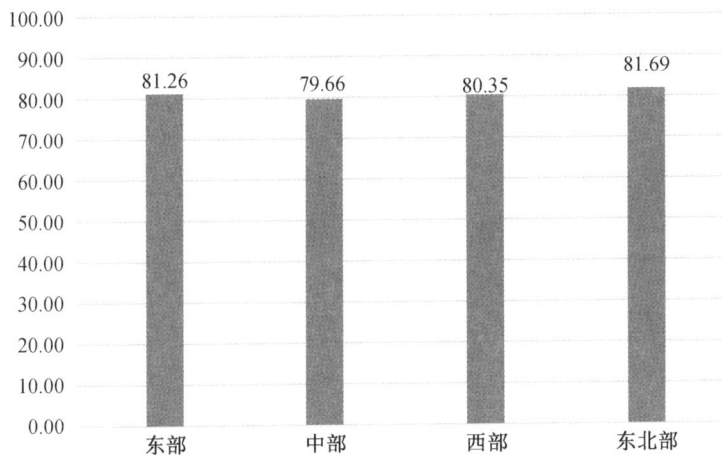

图 2-15　2022 年质量促进措施四大地理区域得分

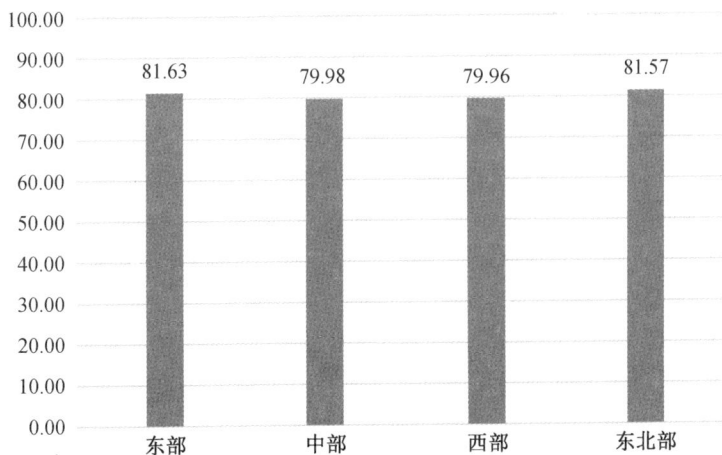

图 2-16　2022 年质量基础设施四大地理区域得分

二、19 个城市群分析

将全国的 31 个省（自治区、直辖市）根据城际关系划分为 19 个主要城市群。[①]

京津冀城市群：包括北京市、天津市和河北省的保定、廊坊、石家庄、唐山、邯郸、秦皇岛、张家口、承德、沧州、邢台、衡水等 11 个地级市以及定州和辛集 2 个省直管市。

长三角城市群[②]：上海，江苏省的南京、无锡、常州、苏州、南通、盐城、扬州、镇江、泰州，浙江省的杭州、宁波、嘉兴、湖州、绍兴、金华、舟山、台州，安徽省的合肥、芜湖、马鞍山、铜陵、安庆、滁州、池州、宣城等 26 市。

珠三角城市群[③]：广州、深圳、佛山、东莞、中山、珠海、江门、肇庆、惠州、香港、澳门（本报告中珠江三角城市群的数据不包含香港和澳门）。

成渝城市群[④]：包括重庆市的渝中、万州、黔江、涪陵、大渡口、江北、沙坪坝、九龙坡、南岸、北碚、綦江、大足、渝北、巴南、长寿、江津、合川、永川、南川、潼南、铜梁、荣昌、璧山、梁平、丰都、垫江、忠县等 27 个区（县）以及开州、云阳的部分地区；四川省的成都、自贡、泸州、德阳、绵阳（除北川县、平武县）、遂宁、内江、乐山、南充、眉山、宜宾、广安、达州（除万源市）、雅安（除天全县、宝兴县）、资阳等 15 个市。

长江中游城市群[⑤]：武汉、长沙、株洲、湘潭。

山东半岛城市群[⑥]：济南、青岛、淄博、威海、烟台、潍坊、日照和东营。

粤闽浙沿海城市群[⑦]：厦门、漳州、泉州、福州、宁德、汕头、潮州、揭阳、梅州、

---

① 依据来源于《中华人民共和国国民经济和社会发展第十四个五年规划和 2035 年远景目标纲要》。
② 依据来源于《长江三角洲城市群发展规划》。
③ 依据来源于《珠江三角洲全域规划（2014—2020）》。
④ 依据来源于《成渝城市群发展规划》。
⑤ 依据来源于《中华人民共和国国民经济和社会发展第十四个五年规划和 2035 年远景目标纲要》。
⑥ 依据来源于《山东半岛城市群发展规划（2021—2035 年）》。
⑦ 依据来源于《粤闽浙沿海城市群景区繁荣度排行，汕头南澳岛跻身前三！》。

温州、丽水、衢州。

中原城市群①：中原城市群是以郑州为中心，以洛阳为副中心，以开封、新乡、焦作、许昌、漯河、平顶山、济源等地区性中心城市为节点构成的紧密联系圈。

关中平原城市群②：宝鸡、铜川、渭南、杨凌、商洛、天水、平凉、庆阳、运城、临汾等城市。

北部湾城市群③：广西壮族自治区的南宁市、北海市、钦州市、防城港市、玉林市、崇左市，广东省的湛江市、茂名市、阳江市，海南省的海口市、儋州市、东方市、澄迈县、临高县、昌江黎族自治县。

哈长城市群④：黑龙江省的哈尔滨市、大庆市、齐齐哈尔市、绥化市、牡丹江市，吉林省的长春市、吉林市、四平市、辽源市、松原市和延边朝鲜族自治州。

辽中南城市群⑤：沈阳市、大连市、鞍山市、抚顺市、本溪市、营口市、辽阳市、铁岭市、盘锦市共9个城市。

山西中部城市群⑥：太原、晋中、忻州、吕梁、阳泉5个城市。

黔中城市群⑦：贵阳市、遵义市、毕节市、安顺市、黔东南州、黔南州6个市(州)及贵安新区的33个县(市、区)。

滇中城市群⑧：昆明市、曲靖市、玉溪市和楚雄彝族自治州及红河哈尼族彝族自治州北部的蒙自市、个旧市、建水县、开远市、弥勒市、泸西县、石屏县7个县市组成。

呼包鄂榆城市群⑨：内蒙古自治区的呼和浩特市、包头市、鄂尔多斯市和陕西省的榆林市。

---

① 依据来源于《中原城市群发展规划》。
② 依据来源于《关中平原城市群发展规划》。
③ 依据来源于《北部湾城市群建设"十四五"实施方案》。
④ 依据来源于《哈长城市群发展规划》。
⑤ 依据来源于《辽中南城市群发展规划》。
⑥ 依据来源于《山西中部城市群产业协同发展专项规划(2022—2035年)解读》。
⑦ 依据来源于《黔中城市群发展规划》。
⑧ 依据来源于《滇中城市群发展规划》。
⑨ 依据来源于《呼包鄂榆城市群发展规划》。

兰州-西宁城市群①:以兰州市、西宁市为中心,范围包括甘肃省兰州市,白银市白银区、平川区、靖远县、景泰县,定西市安定区、陇西县、渭源县、临洮县,临夏回族自治州临夏市、东乡族自治县、永靖县、积石山保安族东乡族撒拉族自治县,海东市,海北藏族自治州海晏县,海南藏族自治州共和县、贵德县、贵南县,黄南藏族自治州同仁县、尖扎县。

宁夏沿黄城市群②:主要包括宁夏沿黄河分布的银川、石嘴山、吴忠、中卫、平罗、青铜峡、灵武、贺兰、永宁、中宁10个城市。

天山北坡城市群③:乌鲁木齐、昌吉、米泉、阜康、石河子、乌苏、奎屯、克拉玛依和五家渠9个城市。

1.质量工作满意度得分与GDP相关关系的分析

相关关系是反映两种事物在发展变化的方向和大小方面存在相互联系的相互关系。在统计学上可用相关系数具体地表示两个样本之间的相关关系,因此以皮尔逊相关系数来计算表示质量工作满意度得分与GDP之间的相关关系。皮尔逊相关系数的计算公式如下:

$$r = \frac{\sum_{i=1}^{n}(X_i - \overline{X})(Y_i - \overline{Y})}{\sqrt{\sum_{i=1}^{n}(X_i - \overline{X})^2}\sqrt{\sum_{i=1}^{n}(Y_i - \overline{Y})^2}}$$

式中X_i、Y_i分别表示第i个省份的满意度得分与GDP;$\overline{X}$、$\overline{Y}$分别表示各省(自治区、直辖市)的满意度得分均值和各省份的GDP均值。相关系数r的取值范围为$(-1,1)$,其绝对值越大表明两个样本之间的相关程度越强,而r的符号则表明两者的正负相关性。

根据2022年全国31省(自治区、直辖市)的市场主体评价综合满意度得分与GDP的散点图(图2-17)可知,满意度得分与GDP呈非线性正相关关系。经计算,其皮尔逊相关系数为0.58,满意度与ln(GDP)的皮尔逊相关系数为

---

① 依据来源于《青海省人民政府办公厅 甘肃省人民政府办公厅关于印发兰州—西宁城市群发展"十四五"实施方案的通知》。
② 依据来源于《宁夏沿黄科技创新改革试验区建设总体方案(2016—2020年)》。
③ 依据来源于《天山北坡城市群发展规划(2017—2030)》。

0.63,均表明两者存在强正相关关系。用 Excel 对图 2-17 进行趋势分析发现，两者之间可能存在对数函数关系,因此对各省(自治区、直辖市)满意度取对数并绘制得到新散点图(图 2-18)。从图中可以发现两者之间存在线性正相关关系,以 Stata16.0 对 2022 年市场主体满意度与 ln(GDP)进行最小二乘回归分析,得到回归函数为 $Y = 2.162\,9\ln(GDP) + 70.178$,并对方程及参数的可靠性进行检验分析,回归方程的 R^2 是回归方程对两者之间关系拟合优度的表现,R^2 的计算公式为

$$R^2 = \frac{(y - \bar{y})^2 - (y - \hat{y})^2}{(y - \bar{y})^2}$$

式中 $\bar{y}$ 是满意度得分的平均值;$\hat{y}$ 是依据回归函数预测的满意度得分值;y 是各省(自治区、直辖市)满意度得分值。回归方程的 P 值是表明方程可靠性的统计学数值,当 P 值小于 0.01 时,表明在 99%的置信性上不能接受原假设:GDP 与满意度得分无法用该回归方程表示。

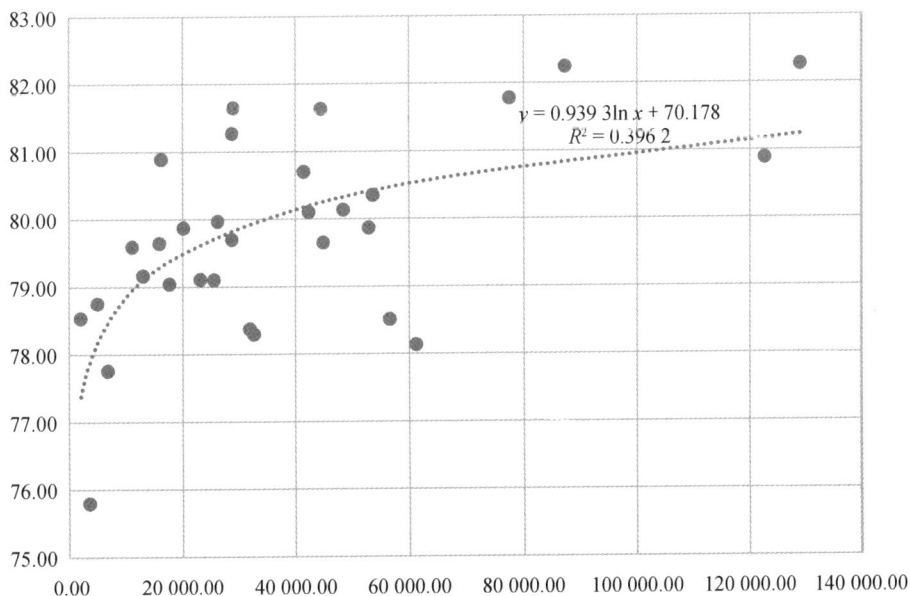

图 2-17　2022 年 31 个省(自治区、直辖市)市场主体满意度与 GDP 关系

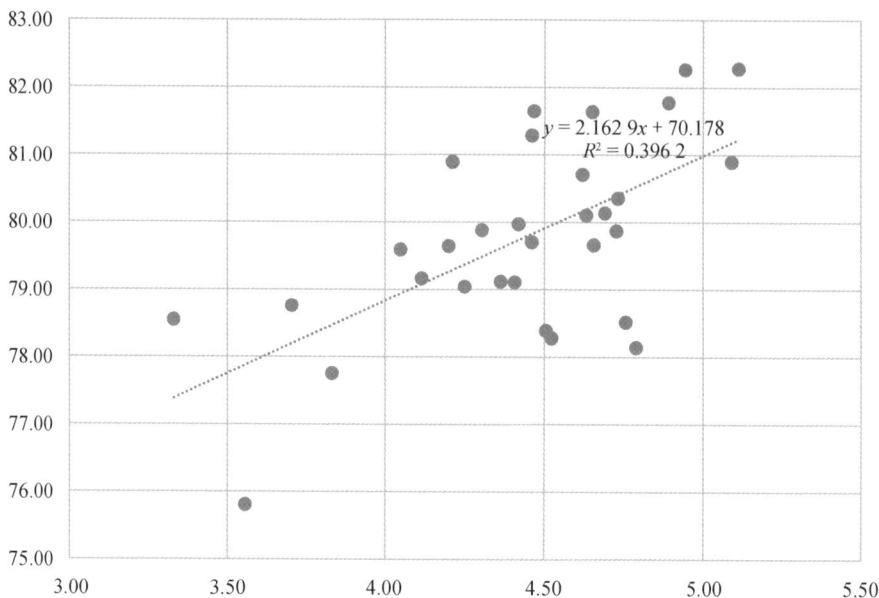

图 2-18　2022 年 31 个省（自治区、直辖市）市场主体满意度得分与 ln（GDP）关系

在该回归结果中,方程中的 R^2 为 0.375 4,表明方程较好地解释了满意度变动与 GDP 的关系;方程 P 值为 0.000 1,表明 GDP 与满意度得分之间的关系可以用该回归方程表示,即各省（自治区、直辖市）满意度得分与 GDP 具体呈对数函数关系;ln（GDP）的系数为 2.162 9,对应的 t 统计量为 4.36,该统计量表明 ln（GDP）的系数在 99% 的置信性水平上显著可靠,该系数值也表明,当 GDP 变动 1% 时,相应的市场主体满意度得分变动 2.162 9 个百分点。

依照上述方法对 31 省（自治区、直辖市）的消费者评价满意度展开相关性分析及回归分析,消费者评价满意度与 GDP 的散点见图 2-19。由图可知,消费者满意度与 GDP 可能存在线性相关关系,经计算,其皮尔逊相关系数为 0.603;进一步分析消费者满意度与 ln（GDP）的关系,由散点图（图 2-20）可知,消费者满意度与 ln（GDP）亦呈线性关系,经计算,其皮尔逊相关系数为 0.559。上述分析表明,可以以对数函数关系来分析两者之间的联系。

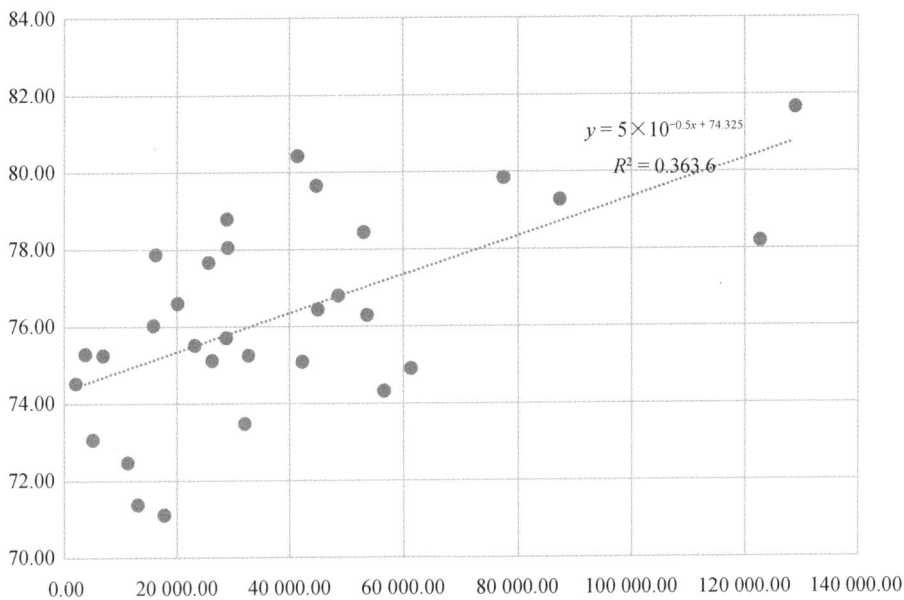

图 2-19　31 个省（自治区、直辖市）消费者评价满意度与 GDP 关系

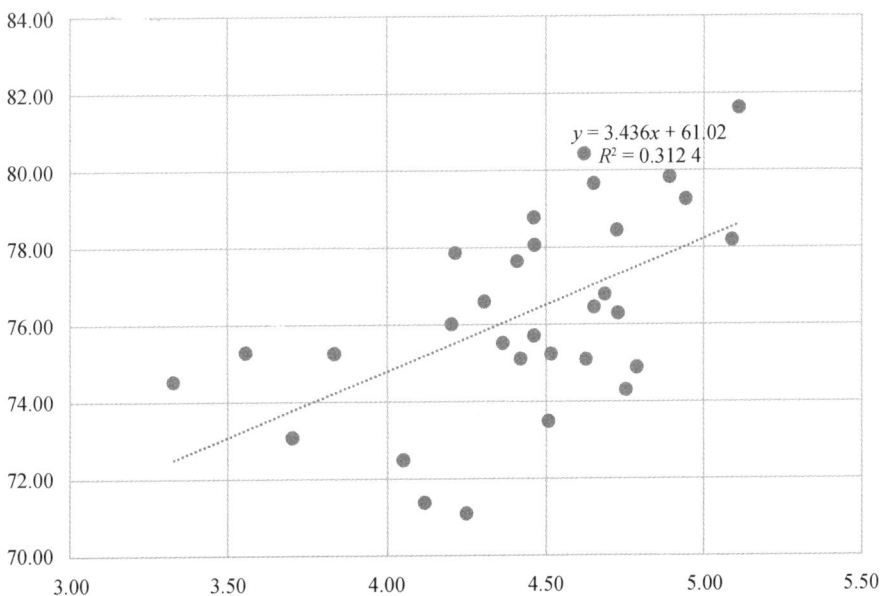

图 2-20　2022 年 31 个省（自治区、直辖市）消费者评价与 ln（GDP）相关性分析

以 Stata16.0 对消费者评价与 ln(GDP) 之间的关系进行回归分析,得到回归方程为 $Y = 3.436\ln(GDP) + 61.02$,相应的 R^2 为 0.312 4,P 值为 0.001 1,表明该回归方程可靠,且较好地拟合了 ln(GDP) 与满意度之间的关系。ln(GDP) 的系数的 t 值为 3.63,在 99% 的显著性水平上显著,表示 GDP 每 1% 的变动可以使消费者满意度提升 3.436 个百分点。由此可知各省(自治区、直辖市)的满意度得分与 GDP 存在对数函数的关系。

2. 各城市群满意度得分的估计及分析

由上述分析可知,各省(自治区、直辖市)的满意度指标与 GDP 的相关系数高达 0.58,表明 GDP 与城市满意度强相关,因此以各城市群中的各个城市 GDP 所占城市群总体 GDP 比例为权重,对城市群所涉及的城市对应的满意度得分进行加权平均,以此来衡量城市群的各指标满意度。相关的计算公式为

$$S = \frac{\sum GDP_i \cdot S_i}{\sum S_i}$$

其中 GDP_i 为该城市群中所含第 i 个城市的 GDP,S_i 为该城市所在的省份对应项目的满意度得分,依照此公式对 19 个城市群进行逐步计算可以得到最终满意度得分。依照上述公式可以得到相应城市群中的各省(自治区、直辖市)权重系数,具体见表 2-5。

表 2-5　各省份消费者满意度权重系数

城市群	包含的省(自治区、直辖市)	权重
长三角城市群	上海	0.184 2
	江苏	0.421 7
	浙江	0.272 0
	安徽	0.122 1
京津冀城市群	北京	0.414 9
	天津	0.162 6
	河北	0.422 5

表 2-5(续 1)

城市群	包含的省(自治区、直辖市)	权重
珠三角城市群	广东	1
成渝城市群	重庆	0.365 3
	四川	0.634 7
长江中游城市群	湖北	0.482
	湖南	0.518
山东半岛城市群	山东	1
粤闽浙沿海城市群	浙江	0.203 2
	福建	0.678 7
	广东	0.118 1
中原城市群	河南	1
关中平原城市群	陕西	0.481 9
	甘肃	0.183 2
	山西	0.334 9
北部湾城市群	广西	0.490 5
	广东	0.352 6
	海南	0.156 9
哈长城市群	黑龙江	0.545 5
	吉林	0.454 5
辽中南城市群	辽宁	1
山西中部城市群	山西	1
黔中城市群	贵州	1
滇中城市群	云南	1
呼包鄂榆城市群	内蒙古	0.659 8
	陕西	0.340 2

表 2-5（续 2）

城市群	包含的省（自治区、直辖市）	权重
兰州-西宁城市群	甘肃	0.882
	青海	0.118
宁夏沿黄城市群	宁夏	1
天山北坡城市群	新疆	1

各城市群消费者满意度综合得分见表 2-6。

表 2-6　各城市群消费者满意度综合得分

城市群	产品质量	工程质量	服务质量	质量促进	综合得分
长三角城市群	79.39	78.25	78.94	78.09	78.67
京津冀城市群	77.81	77.58	77.91	77.65	77.73
珠三角城市群	81.85	81.78	81.58	81.22	81.61
成渝城市群	75.95	77.79	74.52	74.39	75.66
长江中游城市群	77.41	75.96	76.52	76.19	76.29
山东半岛城市群	80.27	78.31	78.27	80.11	79.24
粤闽浙沿海城市群	79.92	78.51	79.50	78.39	79.08
中原城市群	75.76	75.17	73.72	74.85	74.87
关中平原城市群	75.78	75.92	75.58	74.81	75.52
北部湾城市群	77.78	77.12	77.09	77.67	77.42
哈长城市群	75.41	74.26	72.20	73.72	73.90
辽中南城市群	79.37	78.59	77.83	79.24	78.76
山西中部城市群	78.62	79.24	75.98	76.68	77.63
黔中城市群	76.50	77.25	76.96	75.59	76.58
滇中城市群	76.58	75.71	74.95	75.50	75.69

表 2-6(续)

城市群	产品质量	工程质量	服务质量	质量促进	综合得分
呼包鄂榆城市群	74.97	75.31	76.13	75.21	75.40
兰州–西宁城市群	72.96	71.75	72.70	73.76	72.79
宁夏沿黄城市群	73.57	72.85	72.11	73.77	73.07
天山北坡城市群	70.78	72.76	69.86	70.96	71.09

2.1 产品质量

从 19 个城市群消费者对工程质量的满意度调查发现,珠三角城市群消费者对工程质量满意度分数最高,达到 81.85 分;天山北坡城市群消费者对产品质量满意度分数最低,为 70.78 分。见图 2-21。

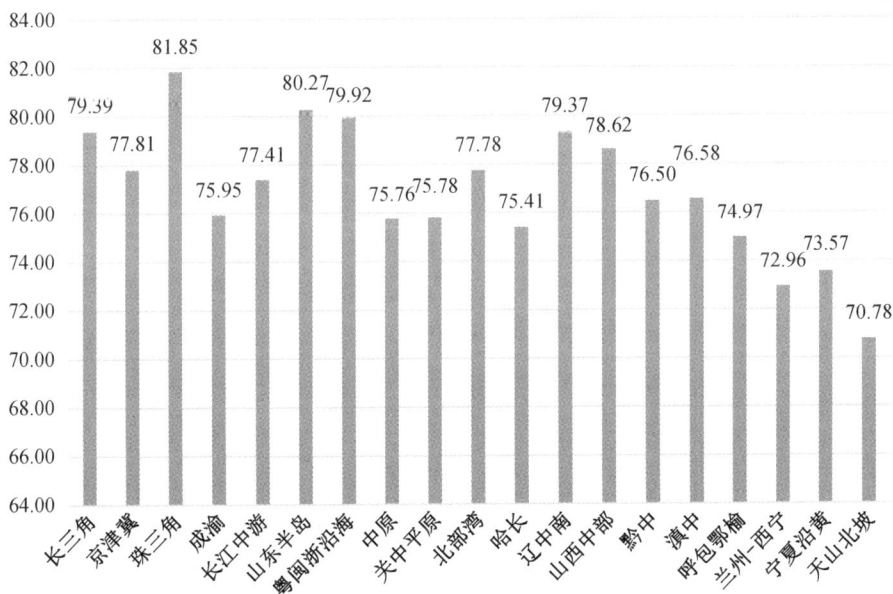

图 2-21 2022 年产品质量满意度 19 个城市群得分

2.2　工 程 质 量

　　从 19 个城市群消费者对工程质量的满意度调查发现,珠三角城市群消费者对工程质量满意度分数最高,达到 81.78 分;兰州-西宁城市群消费者对工程质量满意度分数最低,为 71.75 分。见图 2-22。

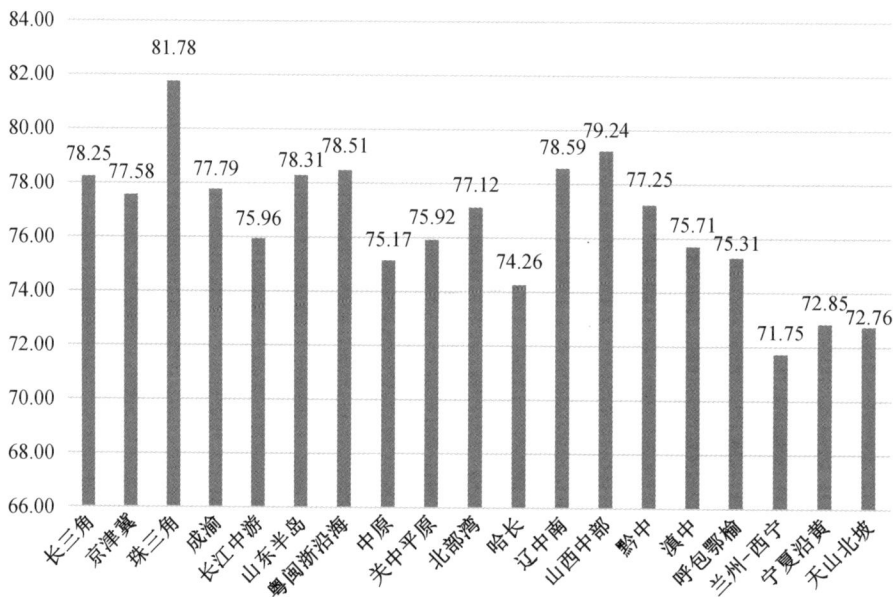

图 2-22　2022 年工程质量满意度 19 个城市群得分

2.3 服 务 质 量

从十九个城市群消费者对服务质量的满意度调查发现,珠三角城市群消费者对服务质量满意度分数最高,达到81.58分;天山北坡城市群消费者对服务质量满意度分数最低,为69.86分。见图2-23。

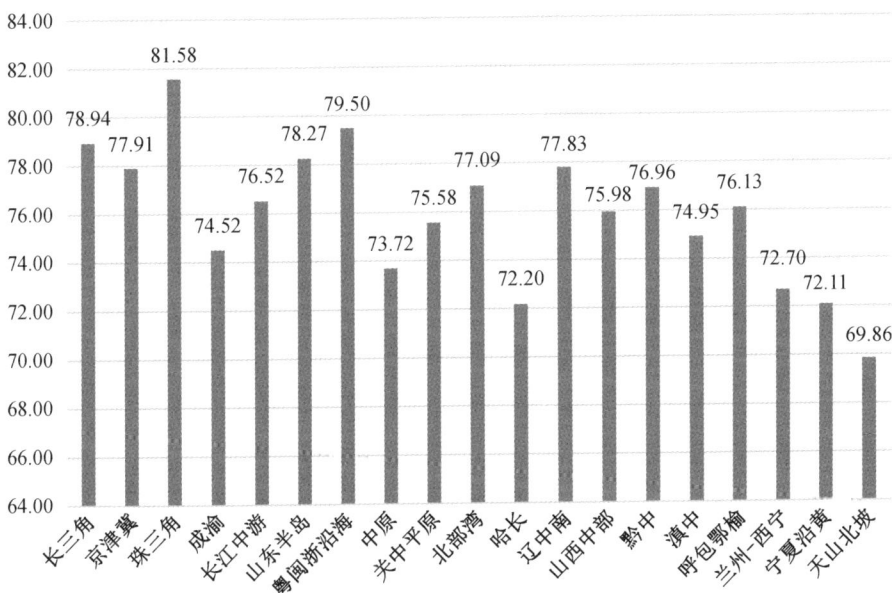

图 2-23 2022 年服务质量满意度 19 个城市群得分

2.4 质 量 促 进

从十九个城市群消费者对质量促进的满意度调查发现,珠三角城市群消费者对质量促进满意度分数最高,达到81.22分;天山北坡城市群消费者对质量促进满意度分数最低,为70.96分,见图2-24。

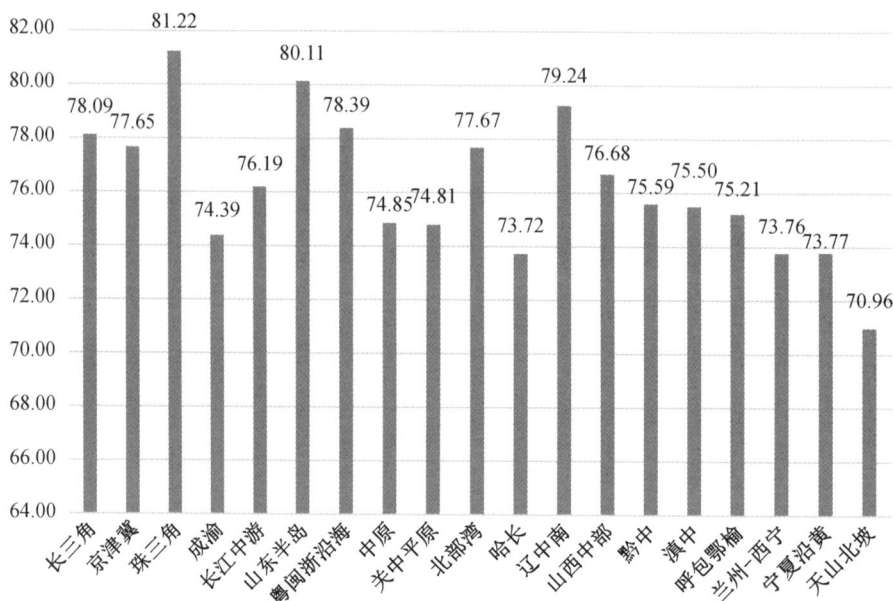

图 2-24　2022 年质量促进满意度 19 个城市群得分

（二）各城市群市场主体满意度得分的估计与分析

各城市群市场主体满意度得分见表 2-7。

表 2-7　各城市群市场主体满意度得分

城市群	质量政策体系	质量安全监管	质量促进措施	质量基础设施	综合得分
长三角城市群	78.46	82.44	81.76	81.81	81.12
京津冀城市群	78.37	81.80	80.70	81.03	80.48
珠三角城市群	80.65	83.11	82.64	82.73	82.28
成渝城市群	77.23	80.85	80.27	80.28	79.66
长江中游城市群	78.88	81.25	80.21	80.59	80.23

表 2-7（续）

城市群	质量政策体系	质量安全监管	质量促进措施	质量基础设施	综合得分
山东半岛城市群	79.32	83.33	82.99	83.37	82.25
粤闽浙沿海城市群	77.78	81.87	81.25	81.28	80.54
中原城市群	75.53	80.03	77.72	79.23	78.13
关中平原城市群	75.08	79.84	80.08	80.23	78.81
北部湾城市群	77.44	81.77	81.15	81.37	80.43
哈长城市群	74.12	80.85	81.10	81.62	79.42
辽中南城市群	77.28	83.39	82.93	81.53	81.28
山西中部城市群	75.28	80.31	79.38	81.43	79.10
黔中城市群	77.82	79.76	80.68	81.23	79.87
滇中城市群	73.85	81.83	81.72	81.40	79.70
呼包鄂榆城市群	74.82	80.13	80.11	80.28	78.83
兰州-西宁城市群	75.37	79.81	80.60	80.80	79.14
宁夏沿黄城市群	75.22	80.99	81.19	77.60	78 75
天山北坡城市群	75.13	80.97	79.97	80.07	79.04

1. 质量政策体系

从 19 个城市群市场主体对质量政策体系评价调查发现,珠三角城市群对质量政策体系评价分数最高,达到 80.65 分,山东半岛城市群第二(79.32 分),长江中游城市群第三(78.88 分),见图 2-25。

2. 质量安全监管

从 19 个城市群市场主体对质量安全监管评价调查发现,辽中南城市群对质量安全监管评价分数最高,达到 83.39 分,山东半岛城市群第二(83.33 分),珠三角城市群第三(83.11 分),见图 2-26。

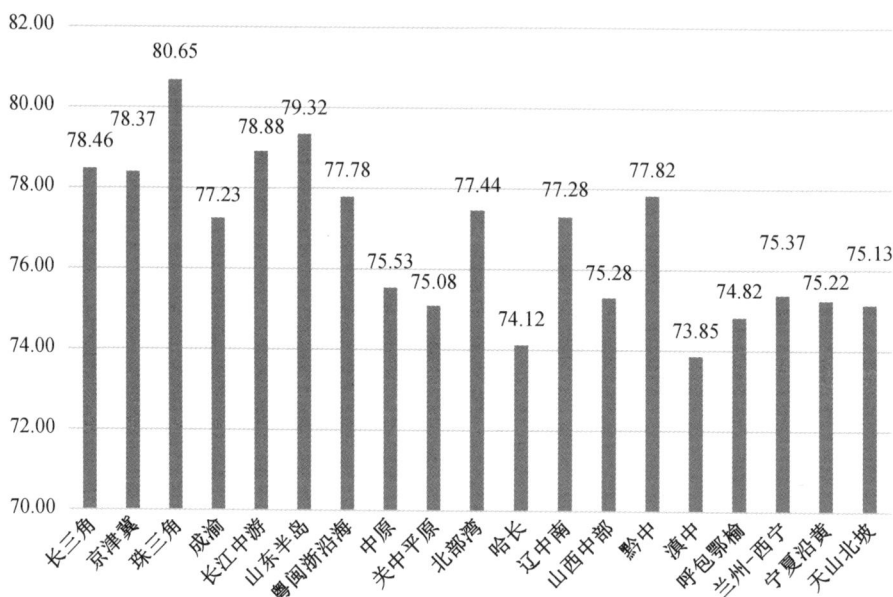

图 2-25　2022 年质量政策体系 19 个城市群得分

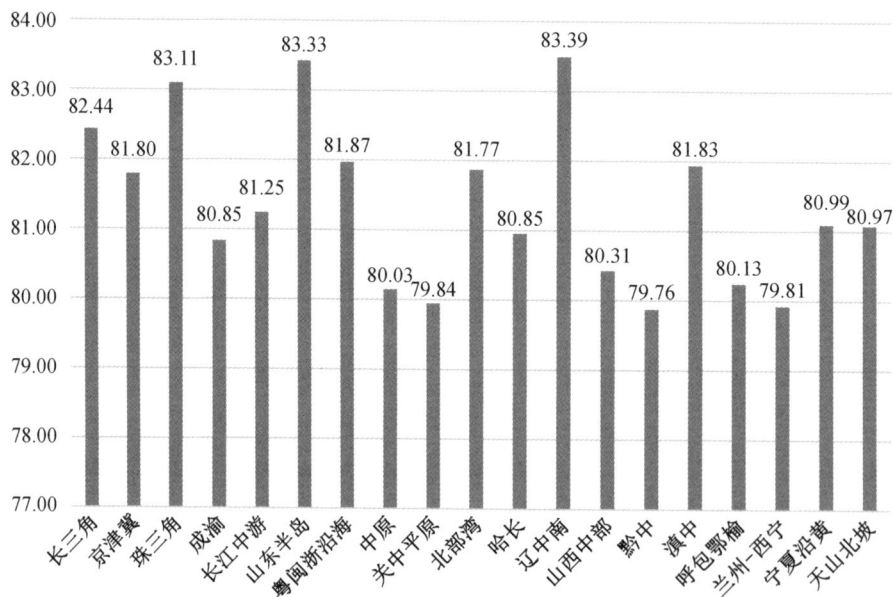

图 2-26　2022 年质量安全监管 19 个城市群得分

3. 质量促进措施

从 19 个城市群市场主体对质量促进措施评价调查发现,山东半岛城市群对质量促进措施评价分数最高,达到 82.99 分,辽中南城市群第二(82.93 分),珠三角城市群第三(82.64 分),见图 2-27。

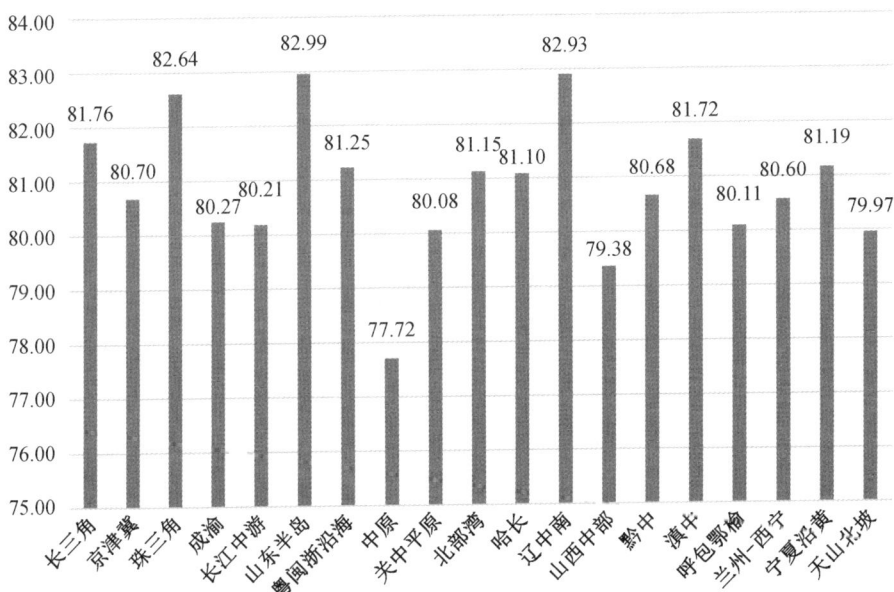

图 2-27　2022 年质量促进措 19 个城市群得分

4. 质量基础设施

从十九个城市群市场主体对质量基础设施评价调查发现,山东半岛城市群对质量基础设施评价分数最高,达到 83.37 分,珠三角城市群第二(82.73 分),长三角城市群第三(81.81 分),见图 2-28。

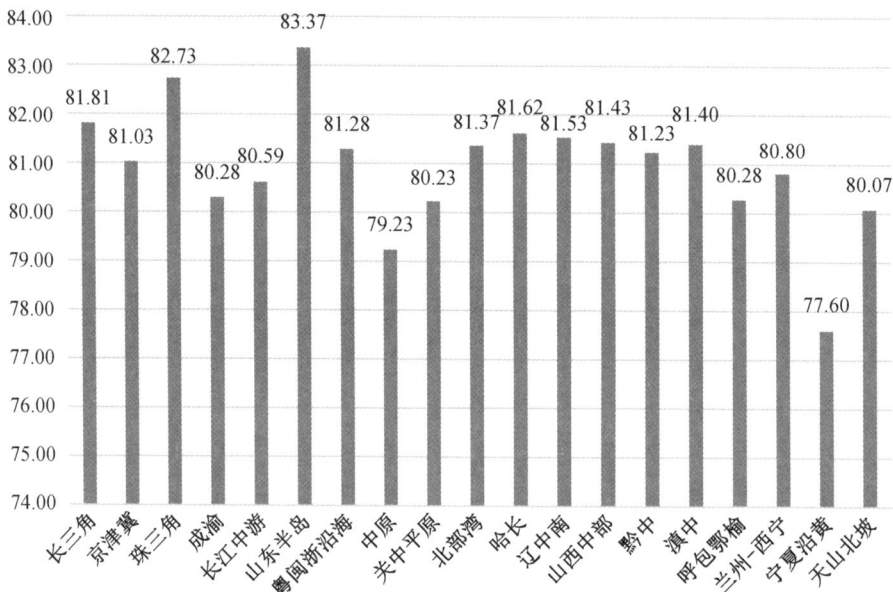

图 2-28　2022 年质量基础设施十九个城市群得分

（三）各区域间满意度得分与 GDP 关系分析

　　各城市群消费者满意度、市场主体满意度柱状图，分别见图 2-29 和图 2-30，图中柱状越高，表明其满意程度越高。由柱状图可知，我国各区域之间、东西部地区之间质量发展仍不均衡。并且由于质量工作满意度与 GDP 存在对数函数关系，依据对数函数的性质可知，GDP 不同时，GDP 上升所带来的满意度变化不一样。具体而言，当 GDP 较高时，如珠三角城市群、京津冀城市群，GDP 提升带来的满意度提升较低，故政策制定要更多地去解决调研反馈的具体问题，在更细的领域中做好服务质量的提升工作；而当 GDP 较低时，如宁夏沿黄城市群、天山北坡城市群等，通过 GDP 提升，增加质量服务工作的经济投入，即能较大程度地提升市场主体和消费者的满意度。

消费者满意度

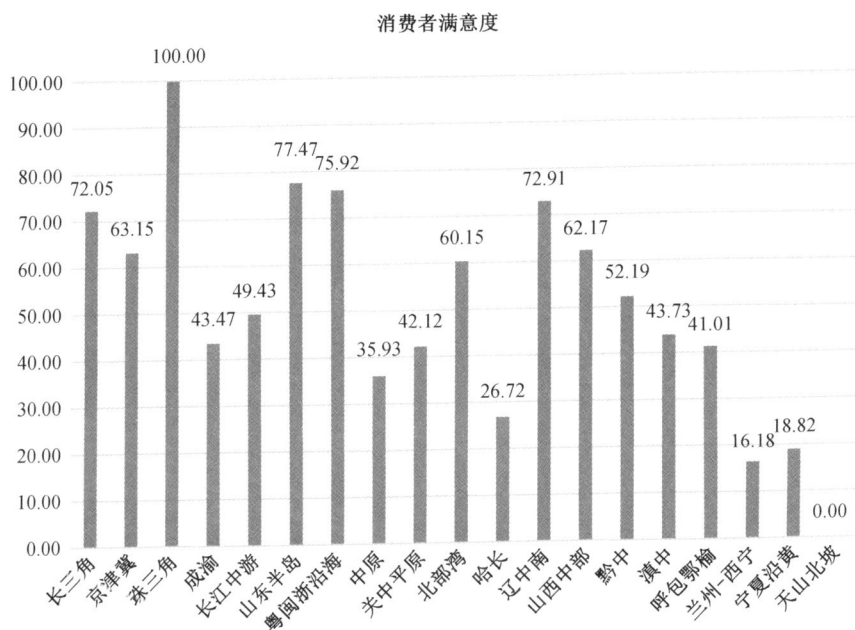

图 2-29　各城市群消费者满意度得分

市场主体

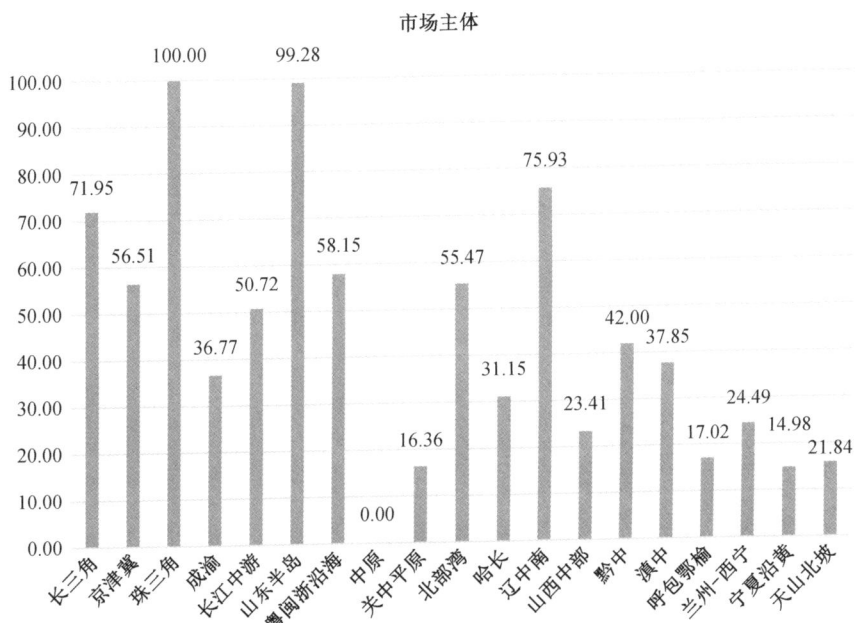

图 2-30　各城市群市场主体满意度得分

对各城市群消费者满意度与 GDP 相关系数进行分析,其皮尔逊相关系数为 0.662(不含长三角城市群,因长三角城市群 GDP 总量为珠三角城市群 GDP 总量的 2.3 倍,在计算相关系数时可作为极值处理),这表明满意度得分与城市群的 GDP 强正相关。以对数函数为基础回归模型进行回归分析,得到回归函数:$y = 2.010 \ln x + 55.867$, R^2 为 0.531 4,表明该对数函数较好地拟合了相应的 GDP-满意度散点图(图 2-31),也印证了 $\ln(GDP)$ 和满意度的正相关关系。

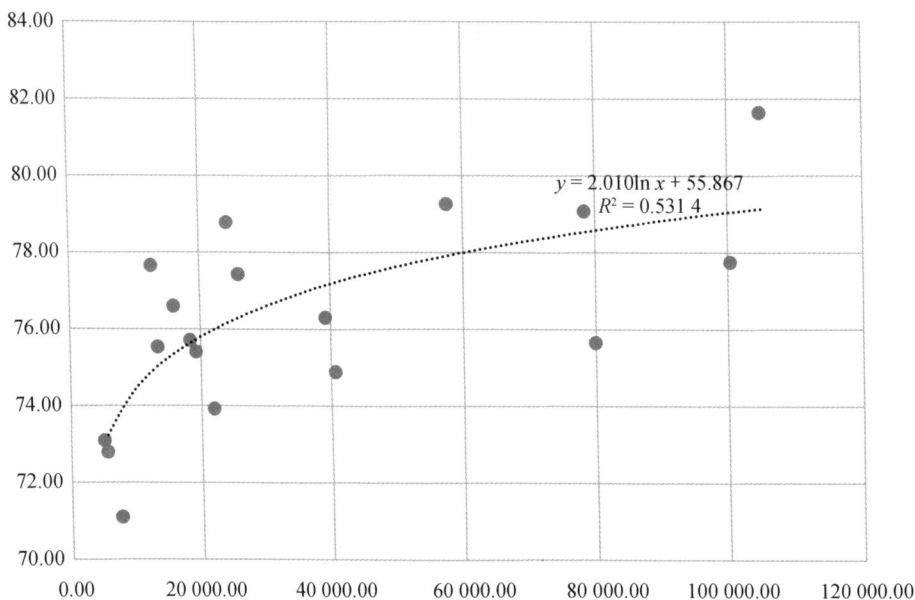

图 2-31　各城市群消费者

第三章　问题分析及政策建议

一、问题分析

2022年,全国各地重视质量工作,大力推进质量强省(自治区、直辖市)建设,为推动高质量发展打下坚实基础,质量工作取得一定成效。从调查结果看,全国质量工作消费者和市场主体满意度评价得分均缓慢上升,产品质量、工程质量、服务质量和质量促进等工作得到公众较好评价,质量安全监管、质量基础设施和质量促进措施处于非常满意水平,但部分领域仍显现一些不足和需要改善的地方。

(一)消费者对质量工作满意度的问题分析

1. 区域质量发展仍不平衡

2022年全国质量工作满意度评价结果在区域层面呈现东高西低的态势,与区域经济发展水平呈正相关,反映出地方经济发展状况在一定程度上影响着消费者的感受与评价,当前各区域质量发展仍存在差距。党的十八大以来,我国重点实施京津冀协同发展、长江经济带发展、黄河流域生态保护和高质量发展等区域重大战略,推动区域协调向更大范围迈进,从GDP情况看,我国区域发展相对差距已有所缩小。从调查结果看,东、西部质量工作满意度评价差值为3.8分,区域发展平衡性和协调性还需进一步提升。

2. 产品质量监管有待加强

从消费者评价情况看,近年来我国产品质量水平有所提升,但社会公众评价反映出对产品质量信心不足,产品质量监管得分为 75.23 分,在 15 个监测指标中排名第 11 位。假冒伪劣、农药残留、缺乏定期检修和存在安全隐患是消费者对消费品、农产品和特种设备质量不满意的主要因素,表明当前产品风险监控、分类监管、质量安全追溯等质量监管体系还不完善,质量监管力度不足。从调查结果看,西部地区产品质量监管满意度低于全国水平,建议重点地区强化质量安全意识和质量安全整治提升措施,进一步提升监管水平。

3. 服务领域质量问题需重点关注

从调查结果看,服务质量满意度得分在 4 个监测领域中得分最低,且较2021 年有所降低,是当前质量工作的薄弱环节。随着消费者的消费需求持续升级,对消费供给的内容、体系、方式和效率提出更高要求,教育服务、医疗服务、旅游服务领域质量问题逐渐凸显,尤其是医疗和旅游行业受新冠疫情、市场环境等影响较大,消费者的感受度和满意度产生一定波动,主要表现在医疗水平、基础设施、费用合理性等方面与群众的服务需求还有一定差距。建议相关部门把控政策形势,统筹资源配置,及时调整服务内容,为消费者提供更优质、便捷、高效的服务。

4. 质量投诉处理能力有待提升

处理好质量投诉,是质量管理的重要内容。从评价结果看,质量投诉指标(2021 年为消费维权指标)持续偏低,当前消费者维权难的情况依然普遍存在,需要加强重视。质量投诉一旦处理不当将会影响消费者的消费信心,降低消费者的消费意愿,制约服务内需潜力的充分释放。调查显示,投诉沟通不顺畅、等待结果时间长、没有等到处理结果是消费者不满意的主要因素,有待进一步改善。从调查结果看,西部和东北部的部分地区质量投诉满意度低于全国水平,有 37.92% 的消费者反映等待结果时间太长,质量投诉处理能力有待提升。

(二) 市场主体对质量工作满意度的问题

1. 地区 GDP 对质量工作市场主体满意度杠杆指数评估[1]

地区 GDP 对质量工作市场主体满意度杠杆指数,反映了地区 GDP 和市场主体满意度之间的关系,探究经济发展与满意度之间的相关性,重在考察地区 GDP 和市场主体满意度之间的关系,以提高质量工作投入的有效性,即以少量的 GDP 获得更高的满意度。地区 GDP 对质量工作市场主体满意度杠杆指数是通过模型"地区满意度得分/ln(GDP)"得出的。

2022 年我国四大地理区域 GDP 对质量工作市场主体满意度杠杆指数见表 3-1。从指数值看,西部和东北部地区在一定的 GDP 投入获得市场主体满意度更高,分别为 8.30 和 8.16。

表 3-1 2022 年我国四大地理区域 GDP 对质量工作市场主体满意度杠杆指数[2]

地区	满意度得分	GDP/亿元	GDP 对质量工作市场主体满意度杠杆指数
东部	80.81	622 017.69	7.56
中部	79.29	266 512.63	7.44
西部	79.07	256 985.41	8.30
东北部	80.03	57 946.34	8.16

2. 地区市场主体满意度上升指数评估[3]

地区质量工作市场主体满意度上升指数,表示某地区的市场主体满意度得分相对于上一年的上升幅度,主要反映各个地区市场主体满意度得分的发展趋势。

---

① 刘志昌、刘须宽:《中国城市基本公共服务力评价(2020)》,社会科学文献出版社,2021,第18-20 页。

② GDP 来源于国家统计局地方统计网站。

③ 刘志昌、刘须宽:《中国城市基本公共服务力评价(2020)》,社会科学文献出版社,2021,第20-22 页。

$$地区市场主体满意度上升指数 = \frac{当年地区市场主体满意度得分 - 上一年地区市场主体满意度得分}{上一年地区市场主体满意度得分}$$

2022年我国四大地理区域质量工作市场主体满意度上升指数见表3-2。从趋势上看，3个地区市场主体满意度指数为正值；从指数来看，西部和东北部地区提升较快，分别为0.017 51和0.024 58。

表3-2　2022年我国四大地理区域质量工作市场主体满意度上升指数

地区	2021年满意度得分	2022年满意度得分	2022年满意度上升指数
东部	81.09	80.81	-0.003 45
中部	79.08	79.29	0.002 66
西部	77.71	79.07	0.017 51
东北部	78.11	80.03	0.024 58

3. 市场主体评价要素发展指数评估[①]

地区质量工作市场主体评价要素发展指数，表示某地区市场主体评价要素满意度得分相对于上一年度的上升幅度，主要反映各个地区市场主体满意度各评价要素的发展情况。

$$地区市场主体评价要素指数 = \frac{当年地区市场主体评价要素满意度得分 - 上一年地区市场主体评价要素满意度得分}{上一年地区市场主体评价要素满意度得分}$$

2022年我国四大地理区域质量工作市场主体评价要素满意度得分，从趋势上看，3个一级指标满意度指数为正值；从指数值来看，质量促进措施和质量基础设施提升较快，分别为0.027 00和0.023 08，见表3-3。

---

① 刘志昌、刘须宽：《中国城市基本公共服务力评价（2020）》，社会科学文献出版社，2021，第228-230页。

表 3-3　2022 年我国四大地理区域质量工作市场主体评价要素发展指数

评价要素	2021 年满意度得分	2022 年满意度得分	2022 年市场主体评价要素发展指数
质量促进措施	78.52	80.64	0.027 00
质量基础设施	78.84	80.66	0.023 08
质量安全监管	79.56	81.07	0.018 98
质量政策体系	80.65	76.70	-0.048 98

4. SWOT 图分析

本次政府质量工作市场主体满意度评价 13 个二级指标构成、满意度得分和影响系数见表 3-4。

表 3-4　市场主体满意度得分和影响系数

二级指标	二级指标得分	影响系数
政策知晓	75.74	0.677
政策宣传	77.88	0.776
政策帮扶	75 90	0.674
营商环境	77.27	0.768
监督检查	82.04	0.584
行政执法	80.59	0.697
执法打假	80.59	0.804
质量活动	81.72	0.612
质量奖励	82.42	0.454
质量管理	78.85	0.784
质量投诉	79.58	0.711
质量基础设施能力建设	80.99	0.814
"一站式"服务	80.32	0.735

由表 3-4 可知，影响系数为一级指标与总体满意度的相关系数，其定义式为

$$r = \frac{\sum\limits_{i=1}^{n}(X_i - \bar{X})(Y_i - \bar{Y})}{\sqrt{\sum\limits_{i=1}^{n}(X_i - \bar{X})^2}\sqrt{\sum\limits_{i=1}^{n}(Y_i - \bar{Y})^2}}$$

r 值的绝对值介于 0 和 1 之间。通常来说，r 越接近 1，表示 X 与 Y 两个量之间的相关程度就越强；反之，r 越接近 0，X 与 Y 两个量之间的相关程度就越弱。

政府质量工作改进矩阵 SWOT 图见图 3-1。

从 SWOT 图中可以看出，"质量基础设施能力建设""执法打假""'一站式'服务"的影响系数和得分都相对偏高，位于优势区；"行政执法""质量活动""监督检查""质量奖励"的得分相对较高，但对于满意度的影响系数较小，位于维持区；"政策知晓""政策帮扶"的得分相对偏低，但对于满意度的影响系数较低，位于机会区。而"质量管理""政策宣传""营商环境""质量投诉"对于满意度的影响系数较大，且得分相对偏低，是未来优先改进的方向。

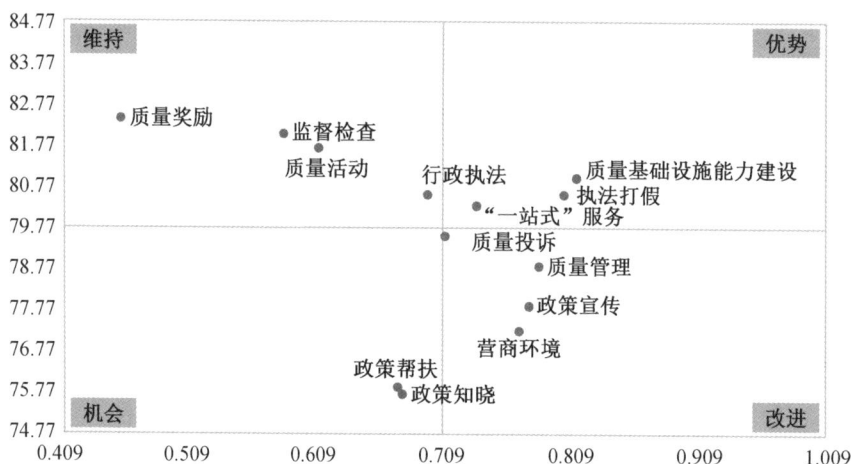

图 3-1　政府质量工作改进矩阵

(三) 市场主体评价问题分析

1. 质量工作区域发展不均等化依然存在

从整体看,本次评价反映出各区域发展不均等化情况依然存在。2022 年全国质量政策体系整体得分为 79.77 分,中部"质量政策体系"(77.01 分)、"质量促进措施"(79.66 分)低于整体得分;西部"质量政策体系"(75.67 分)低于整体得分。

从各评价领域看,中部和西部满意度得分较低。质量政策体系全国满意度得分为 76.70 分,西部和东北部得分分别为 75.67 分、75.10 分,低于全国平均水平,见图 3-2。

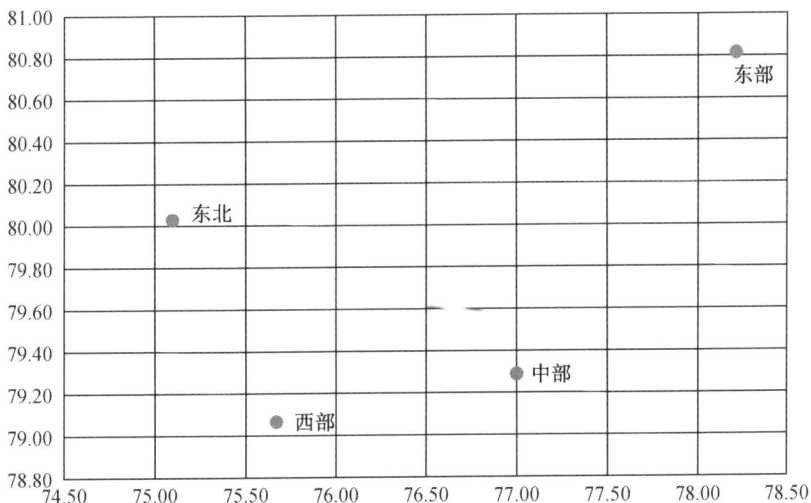

图 3-2　各区域质量政策体系与各区域总体满意度对比图

质量安全监管全国满意度得分为 81.07 分,中部和西部得分分别为 80.50 分、80.30 分,低于全国平均水平,见图 3-3。

质量促进措施全国满意度得分为 80.64 分,中部和西部得分分别为 79.66 分、80.35 分,低于全国平均水平,见图 3-4。

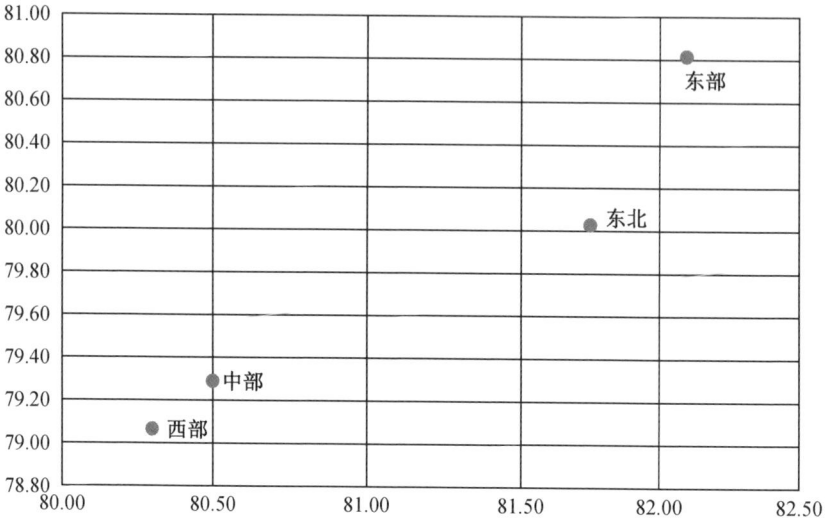

图3-3　各区域质量安全监管与各区域总体满意度对比图

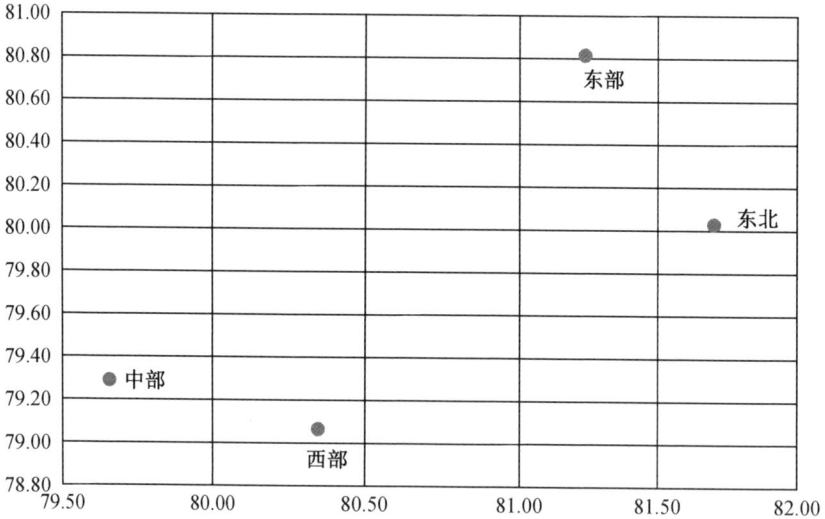

图3-4　各区域质量促进措施与各区域总体满意度对比图

质量基础设施全国满意度得分为 80.66 分,中部和西部得分分别为 79.98 分、79.96 分,低于全国平均水平,见图 3-5。

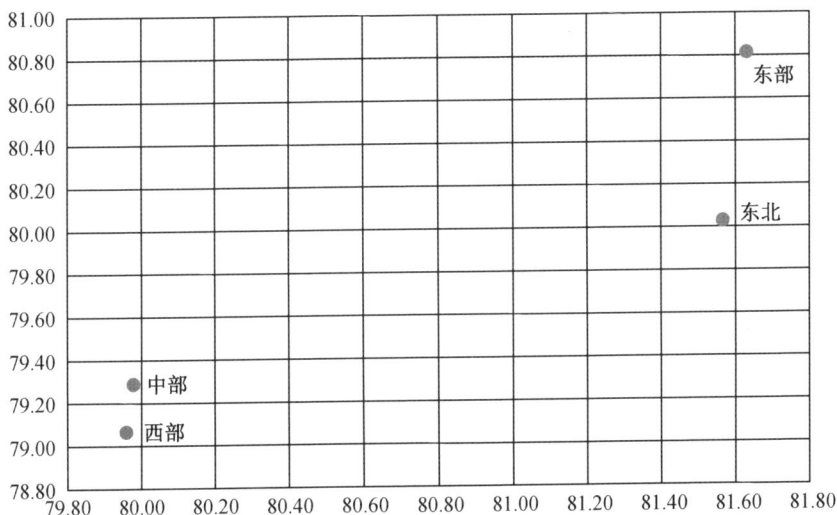

图 3-5　各区域质量基础设施与各区域总体满意度对比图

东部地区由于经济较发达,市场活跃度更高,市场主体对政府质量的关注度更高,一旦出台相关政策,马上就能在市场上得到回应,政策宣传和政策落地效果较好。政府相关部门也都围绕市场发展采取相关措施,在强大经济实力的加持下,平台建设、市场帮扶、促进政策等都能满足市场需求,政府与市场主体形成了良性互动,市场主体满意度更高。而中、西部地区正是经济发展爬坡上坎的关键时期,在政策宣传、政策帮扶、营商环境建设、解决企业难题等方面,方法不多,主动性不强,市场主体的满意度不高,因此政府质量工作还需进一步提升。东、西部的市场主体满意度的不均等化,直接反映了区域质量发展的不平衡性。

2.质量政策帮扶效果不佳,亟须精准施策狠抓落实

在经济下行压力较大时,政府推出系列的质量帮扶政策对市场主体起到提振信心、助企纾困的作用。从评价结果看,市场主体对当地出台的质量政策解

— 67 —

决企业痛点、难点问题十分不满意,得到 13 个二级指标最低分 75.90 分。调查显示,"政策门槛过高,无法享受""缺乏配套措施,无法推进落实"是不满意的主要原因。从企业性质看,私营企业、三资企业、股份企业、其他企业低于质量政策帮扶得分。调查问卷最后一项"您对本地政府质量工作有哪些意见和建议"中,大多数企业提到希望获得帮扶政策,并且希望提高质量政策帮扶的力度和精准度。质量政策帮扶满意度得分低,直观反映了市场主体在新形势下对质量帮扶的强烈需要和质量政策供给不完善之间的矛盾。

3. 质量政策宣传反响平平,有待多措并举重点加强

质量政策宣传是质量政策执行过程的起始环节和一项重要步骤,是确保政策执行不走样的关键。从评价结果看,市场主体对当地政府质量政策宣传、信息公开等工作不满意,得到 77.88 分。调查显示,"信息公开、宣传渠道少""宣传活动少、规模小"是不满意的主要原因。对政府质量工作意见中大多数企业提到不清楚有哪些政策内容,需要加强政策宣传力度。从企业性质看,私营企业、三资企业、股份企业、其他企业低于政策宣传得分。从调查结果看,质量政策宣传满意度得分低,直接导致市场主体对质量政策的知晓程度低,很难保证质量政策的真正执行和真正落地。

4. 质量营商环境很不满意,亟待因地制宜有效优化

质量营商环境指标是市场主体对当地出台的质量政策促进营商环境改善情况的满意程度。从评价结果看,市场主体对质量营商环境很不满意,仅得到 77.27 分。从企业性质看,私营企业、股份企业、其他企业低于营商环境得分。从调查结果看,疫情期间,经济下行压力持续加大,许多市场主体十分困难,对确定的质量政策感知钝化,亟待按照政策思路和取向采取针对性措施持续不断地优化质量营商环境。

5. 质量管理普及率低,有待加强激励制度

质量管理指标是指市场主体对当地政府推荐质量标杆企业、开展质量管理小组活动等情况的满意度。从评价结果看,市场主体对当地政府质量管理工作满意度较低,得到 78.85 分。调查显示,对政府质量工作意见中,部分企业提到希望对质量标杆企业给予激励和支持。从企业性质看,集体企业、私营企业、其

他企业低于质量管理得分。从调查结果看,数量较大的中小微企业参加质量标杆评选机会较少、开展质量管理小组意识不强,反映了质量管理整体水平不均衡、不充分的现状。

6.质量投诉满意度低,有待健全处理机制

质量投诉指标是指市场主体对政府咨询、投诉渠道畅通情况是否满意。从评价结果看,市场主体对当地政府质量管理工作满意度较低,得到79.58分。调查显示,"各部门相互推诿""投诉处理不及时"是不满意的主要原因。对政府质量工作意见中,部分企业提到质量投诉存在应付行为,只管当时,不能根治的问题。从企业性质看,私营企业、其他企业低于质量投诉得分。从调查结果看,质量投诉满意度得分低,反映了质量投诉处理机制不够完善。

二、政策建议

各地应针对消费者和市场主体对政府质量工作不满意指标,加强创新质量提升,深入实施质量提升行动,围绕质量工作的各领域、各方面、各环节,着力解决质量发展堵点、难点和痛点,加大力度惠企利民,采用更多方式增强人民群众获得感、幸福感、安全感。

(一)多元手段,加强质量安全监管

加强质量安全监管是提升产品、工程和服务质量的保障手段。一是进一步健全和完善质量安全监管长效机制。各级政府应完善质量安全风险监控机制,健全省、市、县三级质量监管检测体系,加强对基层监管部门职责落实情况的监督,及时协调解决监管中出现的问题,指导督促各监管部门认真履行职责,严格执法。各监管部门间加强工作协调和信息共享机制,形成监管合力。二是加快落实重点领域监管方案。制定实施重点产品质量安全监管目录,重点解决消费者关注的消费品、农产品和特种设备质量问题。切实推动民生消费质量升级、增强产业基础质量竞争力、引导新技术新产品新业态优质发展、促进服务品质大幅提升。及时发布消费预警信息、处置重大质量安全隐患,深入开展重点产

品质量安全隐患排查,坚决守住质量安全底线。三是加大质量安全监管力度。持续强化重点领域监管,尤其在关系民生的服务质量和质量促进两个领域,创新质量安全监管方式,大力推行"双随机、一公开"监管、信用监管和智慧监管,充分发挥大数据、人工智能等信息技术在质量治理中的作用。鼓励社会各方面积极参与对质量安全问题的监督,拓宽社会监督渠道。

（二）抓住关键,提升服务质量水平

民之所盼,政之所向。各地不应仅以经济效益为目标,更应以人民为中心,着力保障教育、医疗等重点领域的服务质量水平。一是促进教育提质增效。各省(自治区、直辖市)质量工作主管部门应不断提升教育服务供给能力,推动义务教育优质均衡发展和城乡一体化,根据地方实际强化统筹协调,调整优化教育布局,扩大优质资源覆盖面,促进教育资源均衡配置,有效解决幼儿园入园、义务教育学校入学问题。积极落实义务教育"双减政策",减轻学生作业负担,提高课后服务水平,促进教育提质增效。二是加大医疗保障水平。不断深化医药卫生体制改革,加大医疗保障政策。补齐医疗领域建设短板,提高公共卫生防控救治能力。建设紧密型县域医共体,推动市级医院提质扩能和县级医院提质达标,提升基层卫生健康综合保障能力。支持社会力量提供多层次多样化医疗服务,积极发展"互联网+医疗健康"服务,进一步推动医疗健康产业的数字化升级。三是发展旅游多样化需求。在供需两侧同时发力,加快恢复旅游消费活力。在市场供给方面,积极拓展多样化、个性化、定制化旅游产品和服务,组织开展形式多样、内容丰富、线上线下相结合的文化和旅游活动;在消费引导方面,鼓励媒体平台和在线旅游平台对旅游休闲产品、旅游休闲方式和智慧旅游场景加强宣传推介,引导广大消费者参与旅游休闲,丰富节日文化和旅游生活,推动文化和旅游消费有序恢复发展。

（三）多方案多资源,质量政策精准帮扶

从需求侧看,市场主体对质量政策帮扶的满意度、认可度不高,侧面反映了

市场主体对质量政策帮扶的需求度、依赖度很高;从供给侧看,质量政策帮扶面临新形势、新局面、新挑战,侧面反映了质量政策帮扶在新发展格局中亟须精准施策,以解企业质量发展中的困境。一是因地制宜,完善质量帮扶政策体系。各地加强质量帮扶政策顶层设计,结合《质量强国建设纲要》《国家标准化发展纲要》《计量发展规划(2021—2035 年)》,因地制宜,不断健全宏观帮扶体系,逐步实现质量政策多部门联动,形成帮扶合力。加快建设适配现代化经济体系的质量基础设施,构建现代先进测量体系、深化标准化改革创新、提高质量认证服务能力、加大认可和检验检测改革创新力度。二是因企施策,切实推动高质量发展。各地坚持问题导向,提升支持政策精准性。围绕处在产业链供应链关键环节、关系国计民生的中小企业,优化质量管理体系,增强企业市场竞争力,精心培育成"专精特新"企业。围绕质量管控能力差、质量意识不强、生存发展面临瓶颈的小微企业和初创企业,着力解决制约或影响企业生存发展的质量短板,提升质量管控水平。三是因策施法,探寻高质量发展路径。用好用足财税、金融、技术政策,更好适应市场主体发展阶段的需要,汇聚政、产、学、研、金等多方资源,夯实帮扶支撑基础,加强质量技术帮扶专家队伍的统筹使用,组建政、产、学、研、检联盟,建立质量技术共性难题攻关会商机制。财政设立质量提升专项经费,推动研发费用加计扣除、高新技术企业所得税优惠等政策落实落地,创新"质量贷"、知识产权质押贷款等金融支持手段。

(四)多层次多形式,增强质量政策宣传推广

质量政策宣传是自上而下推动质量发展的第一步,要踏实走稳,持续推进分级宣传和群众性宣传。一是加大政策宣传力度。要加强扩大质量政策的宣传和引导,鼓励各类市场主体、行业组织、广大消费者和新闻媒体积极参与质量政策宣传,以市场主体喜闻乐见的形式深入解读高质量发展的新举措、新要求。二是引导企业强化质量意识。有关部门走进企业所在地、产业集聚区、工业园区,切实提升企业参与质量技术帮扶工作的认同感和参与度,不断强化企业质量意识。三是搭建经验交流平台。组织开展技术帮扶先进经验交流会,充分挖掘各地区和不同行业、企业在质量发展方面的成功案例,向全社会及时推广好

经验、好做法。四是营造良好的质量氛围。利用全国群众性活动,突出"全国质量月""中国品牌日"等活动影响力,努力营造人人关心质量、人人关注品牌、人人追求卓越的质量氛围。

（五）多部门多手段,质量投诉处理解决高效

质量投诉处理是维护企业合法权益、解决企业棘手问题的重要渠道,建议加强重视程度,动脑用心,健全投诉机制。一是明确部门职责,有人理诉。明确各部门职责,完善内部协调、信息流转等机制,有效防止各部门相互推诿扯皮。配备专门工作人员负责质量投诉的日常工作。建立首问负责制,首问责任人要及时受理投诉,对于不属于首问责任人所在处室职责范围的投诉,要耐心听讲,认真受理,帮助落实有关承办部门。二是规范投诉程序,有序办诉。规范12315、12365等质量投诉处理平台,规范质量投诉的办理流程,在企业办事相对集中的行政服务单位,通过电子显示屏、宣传海报等宣传投诉办理程序。规范投诉处理时效,按照轻微问题、一般性问题、严重问题等不同情况明确办结时效,并且明确告知投诉人办理进度,做好后期电话跟踪和反馈,做好满意度评价。三是解决根源问题,有效减诉。处理投诉不能就事论事,只做表面功夫,只管当下、不抓根本。减少投诉,要从监管部门和企业两个主体入手,从源头杜绝质量问题的发生。监管部门加强投诉频发领域的综合治理,加强重点产品质量监督检查;企业加强质量提升能力,尤其是特种设备、房屋市政工程企业,要做好安全管理。

（六）多举措多维度,质量营商环境不断优化

质量营商环境是市场主体高质量发展中涉及的体制与执行因素,为适应市场主体的发展需求,亟待多措并举优化质量营商环境。一是完善质量政策体系。严格执行质量法规,持续优化营商环境,强化知识产权保护,强化基层治理、企业主责和行业自律,营造公平竞争、优胜劣汰、以质取胜、优质优价的市场环境。创新质量监管方式,加强事中、事后监管,推进智慧监管和"互联网+监

管",提升监管精准化、数字化、智能化水平。二是强化知识产权全链条保护。提升知识产权审查能力,建立健全知识产权侵权快速反应、惩罚性赔偿等机制。开展知识产权综合立法、发布地理标志保护地方法规。开展知识产权保护工作业务指导,提高企业保护知识产权意识。三是完善信用监管机制。为营造守信激励、失信惩戒的信用监管格局,依法将严重违法纳入失信企业名单。联合各省、各地区建立联合惩戒和信息修复联动机制。建立健全以信用为基础的新型监管机制,加强企业信用状况综合评价,推广信用承诺和告知承诺制,依法依规健全守信激励和失信惩戒机制。

本次调查综合评价市场主体对政府质量工作的满意度,聚焦补短板、强弱项,要从大处着眼,一体化区域协同推进质量工作;要从小处着手,重在提高质量政策帮扶力度、提升质量政策宣传效果、加强质量管理学习交流、健全质量投诉机制;要从实处着力,通过补齐短板,改善弱项指标,强化质量政策保障,逐步提高质量成效,为下一步质量工作迈向更高台阶夯实基础。